Helmut Barz · Die zwei Gesichter der Wirklichkeit

HELMUT BARZ

DIE ZWEI GESICHTER DER WIRKLICHKEIT

oder auf der Suche nach den Göttern

ARTEMIS

Artemis Verlag Zürich und München
Printed in Germany
ISBN 3 7608 1006 3

Inhalt

I Wo ist die Wirklichkeit?

Über Nacht ist Schnee gefallen. Nun kenne ich das kleine Dorf nicht mehr, die Wiese und den Zaun vor meinem Fenster nicht. Das, woran ich mich gewöhnt hatte, ist verschwunden; nicht nur zugedeckt, sondern verwandelt. Der Schnee hat Tierspuren aufbewahrt, die um mein Haus führen. Er hat die Schrunden in den Berghängen klar und die Felszacken erhaben gemacht. Die Dächer der Häuser bilden ein neues Muster, den Rhythmus der Zäune sah ich noch nie.

Aber selbst meine Stube hat sich verändert. Die niedrige Holzdecke, die ich als braun kannte, ist gold-gelb geworden. Die vielen Astlöcher darin zeigen glänzend schwarze phantastische Formen. Der Tisch, an dem ich seit Tagen sitze und dessen zerklüftete Platte ich ganz gut zu kennen meinte, zeigt neue Risse und andere Rillen, einige offenbar von spielenden Kindern hineingekratzt. Knarrten die Dielen auch in den früheren Tagen so gemütlich? Aber ich höre überhaupt mehr als sonst: Rufe von Kindern, knirschende Schneeschaufeln und – da ich nun hinhöre – zum ersten Mal das Plätschern des Brunnens vorm Haus.

Schließlich ich selbst: endlich habe ich Mut und Lust zum Schreiben und nicht mehr das Gefühl, mich hierher in die Berge umsonst zurückgezogen zu haben. Mein Kopf ist klar, meine Schultern sind locker, es ist etwas Schwebendes in mir oder um mich. In mir – oder um mich? Wo hat die Veränderung, die ich sogar eine «Verwandlung» genannt habe, eigentlich stattgefunden?

Es gibt zwei Antworten auf diese Frage, eine klare, und eine verschwimmende.

Zuerst die klare: Meine Wahrnehmung hat sich geändert, weil – im Zusammenhang mit dem nächtlichen Schneefall – andere meteorologische Bedingungen eingetreten sind. Zusammenbruch der Föhnlage, veränderter Luftdruck, niedrigere Temperatur, geringere Luftfeuchtigkeit. Das alles wird von meinem vegetativen Nervensystem registriert und wirkt sich auf meinen körperlichen Gesamtzustand aus. Wegen des besseren vegetativen Gleichgewichts ist nicht nur der Spannungszustand der Muskulatur ausgeglichener, sondern auch die Durchblutung des Gehirns reichlicher geworden, woraus sich körperliches Wohlbefinden, verbesserte Wahrnehmungsfähigkeit und schließlich eine leicht euphorische Stimmung ergeben. Der Rest, nämlich die vermeintlichen Veränderungen der Umgebung, versteht sich von selbst: sie sind Folge des Schneebelages, beziehungsweise der dadurch bewirkten anderen Lichtverhältnisse.

Diese erste Antwort auf die Frage, ob die Veränderung des heutigen Morgens sich in mir oder in meiner Umgebung abgespielt habe, ist so präzise, daß sie neben sich keine zweite zu dulden scheint.

Und doch: so wie ich mich heute morgen fühle, muß ich auch die andere, die ungenauere und anfechtbare Antwort versuchen, weil die erste allein nicht dem entspricht, was ich wirklich erlebe. Zwar bestreite ich weder meine Wetterfühligkeit noch den Unterschied zwischen einer unbeschneiten und einer schneebedeckten Landschaft, aber die eigentliche Veränderung zwischen den vergangenen Tagen und dem heutigen Morgen ist doch in mir geschehen, und zwar in meiner Seele. Ohne beschreiben zu können, was das ist, weiß ich doch, daß diese «Seele» mehr ist als ein Produkt des Zusammenspiels von Gehirn, vegetativem Nervensystem und Hormonen, mehr auch als meine Reaktionen auf die Bedingungen der Außenwelt. Daß meine Augen Neues sehen, daß meine Ohren mehr hören, daß mein Leib sich wohler fühlt, das hängt zwar unzweifelhaft *auch* mit veränderten äußeren Bedingungen zusammen, aber es ist, so wie ich es fühlend erlebe, eine Verwandlung innen in mir. Wenn ich argumentieren wollte, könnte ich anführen, daß ich ja den Schnee gar nicht liebe; daß mir gedämpftes Licht lieber ist als das vom Schnee reflektierte; daß ich in der vergangenen Nacht einen verheißungsvollen Traum hatte, dessen intensive Bild- und Stimmungswelt ich schlechterdings nicht auf meteorologische Veränderungen zurückführen kann – aber ich will nicht argumentieren. Meine zweite, verschwommene Antwort läßt sich durch Argumente nicht stützen, denn sie drückt nicht einen erklärbaren Sachverhalt, sondern vielmehr ein unerklärliches und doch selbstverständliches Gefühl aus, das durch nichts als durch sich selbst begründet ist.

Wenn zwei so verschiedene Antworten auf die Frage möglich sind, ob wir von außen oder von innen her bestimmt seien, dann scheint es auch mit dem Begriff der «Wirklichkeit» nicht sehr klar bestellt zu sein. – Was ist denn nun «wirklich»? Ist es die Welt dort draußen oder ist es die Innenwelt? Ist das wirklich, was wir denkend außen wahrnehmen, oder ist es im Gegenteil das innerlich Gefühlte?

Das übliche Sowohl-als-auch ist mir als Antwort zu unbefriedigend. Es stellt einen bequemen Kompromiß zugunsten des Verstandes dar, der befriedigt ist, sobald wir der Außenwelt uneingeschränkte Realität zuerkennen; er ist dann mit freundlicher Herablassung bereit, in irgendeinem Winkel auch noch eine Seele mit ihrer Innenwelt anzuerkennen – zumindest als ein Phantasiegebilde, das manche Menschen der einzig wirklichen Außenwelt zu ihrer Erbauung unterschieben.

Wenn ich dem Verstand – vorläufig – das Gefühl gegenüberstelle (ich werde später andere Namen für die beiden

Pole verwenden), dann ist es das Gefühl, das mit dem Sowohl-Als-auch nicht einverstanden ist. Für das Gefühl ist die Seele nie und nimmer etwas Ableitbares, Zweitrangiges, zur Verschönerung der faktischen Wirklichkeit Angehängtes. Nein, *wirklich* ist allein die Seele, und sie ist es, die sich die Außenwelt erschafft.

Aber der Schnee, die Berge, der Tisch mit seinen Rillen, der Brunnen vor dem Haus? Alles Bilder in mir, also: Einbildungen, Vorstellungen, die ich heute so, gestern ganz anders, je nach Maßgabe meines Inneren vor mich hingestellt habe, als wären sie dort draußen. Wirklich ist aber nur das, was ich fühle, die Wirklichkeit ist nur innen in mir.

So wird die Instanz, die ich noch unzulänglich «das Gefühl» nenne, sprechen, sobald sie sich von der zwanghaften Unterwerfung unter den Verstand, die ihr anerzogen wurde, befreit hat. Und da das Gefühl nicht dumm ist und die Argumente des Verstandes kennt, könnte es jetzt allerlei Gegenargumente aus Philosophie und Psychologie vortragen, um seinen Standpunkt zu verteidigen. Aber das Gefühl ist, sofern es zu sich steht, seiner so sicher, daß es am Schlusse immer wieder ganz einfach behaupten wird, daß man seine Sicht der Wirklichkeit gar nicht zu verteidigen brauche, da sie jedem Fühlenden selbstverständlich und dem fühllosen Verstand ohnehin unzugänglich sei.

Nun sind aber Verstand und Gefühl keine Persönlichkeiten, sondern Funktionen innerhalb derselben Psyche, so daß der hier vorgestellte Dialog allenfalls ein innerseelischer sein kann. Und nicht nur werden viele Menschen bestreiten, solchen inneren Zwiespalt zu kennen, sondern mancher wird geltend machen, daß er oder sie zwar dem Gefühl großen Wert beimesse, daß dieses Gefühl aber aus einer sicheren und fraglosen Geborgenheit in der Welt bestehe, die hier als die «Außenwelt» bezeichnet worden sei, und daß dieser gar keine anders geartete «Innenwelt» gegenüberstehe.

Da diese Einwände zu Recht erhoben werden, brauchen wir ein anderes Begriffspaar als das von Verstand und Gefühl, um die beiden einander gegenüberstehenden Einstellungen zu bezeichnen.

Carl Gustav Jung hat in seinem 1920 erschienenen Buch «Psychologische Typen» die heute allgemein geläufigen Begriffe «Extraversion» und «Introversion» eingeführt. Mit diesen Begriffen, die mögliche Grundeinstellungen des Menschen zur Außenwelt bezeichnen (zum «Objekt», wie Jung sagt), können wir weiterkommen. Jung schreibt: «Ganz allgemein könnte man den introvertierten Standpunkt als denjenigen bezeichnen, der unter allen Umständen das Ich und den subjektiven psychologischen Vorgang dem Objekt und dem objektiven Vorgang überzuordnen oder doch wenigstens dem Objekt gegenüber zu behaupten sucht. Diese Einstellung gibt daher dem Subjekt einen höheren Wert als dem Objekt. Dementsprechend steht das Objekt immer auf einem tieferen Wertniveau, es hat sekundäre Bedeutung, ja, es steht gelegentlich nur als das äußere, objektive Zeichen eines subjektiven Inhaltes, etwa als Verkörperung einer Idee, wobei aber die Idee das Wesentliche ist; oder es ist der Gegenstand eines Gefühls, wobei aber das Gefühlserlebnis die Hauptsache ist und nicht das Objekt in seiner realen Individualität. Der extravertierte Standpunkt dagegen ordnet das Subjekt dem Objekt unter, wobei dem Objekt der überragende Wert zukommt. Das Subjekt hat stets sekundäre Bedeutung; der subjektive Vorgang erscheint zuweilen bloß als störendes oder überflüssiges Anhängsel objektiver Geschehnisse. Es ist klar, daß die Psychologie, die aus diesen gegensätzlichen Standpunkten hervorgeht, in zwei total verschiedene Orientierungen zerfallen muß. Der eine sieht alles unter dem Gesichtswinkel seiner Auffassung, der andere unter dem des objektiven Geschehens.» (C. G. Jung, G. W. VI, Zürich und Stuttgart 1960, S. 3f)[1]

Was ich vorher als den Standpunkt des Gefühls bezeichnete, entspricht also der introvertierten, der Standpunkt des Verstandes dagegen der extravertierten Einstellung. Das darf allerdings nicht zu eng verstanden werden. Denn Jung unterscheidet nicht nur Intro- und Extraversion, sondern er berücksichtigt daneben die vier seelischen «Funktionen»: Denken, Fühlen, Intuieren und Empfinden (d. h. Wahrnehmen mit den Sinnesorganen). Jede dieser vier Funktionen kann nun zur Hauptfunktion des Individuums werden und geht entweder mit einer extravertierten oder mit einer introvertierten Einstellung einher. Mein Gefühl am heutigen Morgen, das mir die Sicherheit gibt, daß die Wirklichkeit und ihre Veränderung in *mir* gelegen sei, kann also als introvertiertes Gefühl bezeichnet werden, dem wahrscheinlich noch eine introvertierte Intuition zur Seite steht; und die Argumente des «Verstandes», die darauf beharrten, daß die Wirklichkeit beim Objekt, also in der Außenwelt liege und daß die Veränderungen meines Erlebens deswegen eine Folge des Schneefalles seien, diese Argumente entspringen einem extravertierten Denken und Wahrnehmen.

Mit diesen Begriffen allein wäre jedoch noch nicht viel gewonnen, wenn Jung nicht mit ihnen mehr vermittelt hätte als nur Bezeichnungen für «typische» Einstellungen.

Zunächst hält er fest, daß niemand ausschließlich extra- oder introvertiert ist, sondern daß im allgemeinen nur eine der beiden Einstellungen die andere überwiegt (so wie ich ja auch das extravertierte Wahrnehmen und Denken deutlich zu Worte kommen ließ). Erst dann, wenn es zu einer extremen Einseitigkeit der einen Einstellung kommt, wird die entgegengesetzte ganz unverständlich.

Sodann vertritt Jung die Ansicht, daß es zu den Zielen eines seelischen Reifungsprozesses gehöre, die jeweils vernachlässigte Einstellung zu pflegen und zu üben, damit sie allmählich wenigstens teilweise in den seelischen Haushalt integriert werden könne. Da diese Forderung auch für die vernachlässigten Funktionen gilt, bedeutet es beispielsweise für einen Menschen, der die Wirklichkeit vorwiegend als extravertierter Denker erfährt, daß er im Laufe seines Lebens auch sein introvertiertes Fühlen üben sollte – und natürlich umgekehrt.

Ich will das durch zwei bewußt übertreibende Beispiele erläutern. Eine rein extravertierte Frau, deren Hauptfunktion das Denken ist und die außerdem über eine gut ausgeprägte Wahrnehmung verfügt, hat eine glänzende Karriere als Professorin für Chemie gemacht. Sie ist intellektuell vielseitig gebildet, besitzt jedoch keinerlei Interesse und Neigung für Künstlerisches und Psychologisches, ist gefühlsmäßig eher kühl und läßt im Grunde nur harte Tatsachen gelten. Ihre Ehe bezeichnet sie selbst als «Vernunftehe». – Als sie Mitte Vierzig ist, beginnt sich einiges in ihrem Leben zu verändern: sie fängt an, psychologische Bücher zu lesen, interessiert sich für Opern, nimmt Klavierstunden und begibt sich schließlich in eine Analyse. Sie sagt zu diesem Entschluß ausdrücklich, daß sie sich nicht krank fühle, sondern nur das Bedürfnis verspüre, sich besser kennenzulernen.

Sie hat, in den Begriffen der Jungschen Typologie ausgedrückt, ganz aus sich heraus begonnen, auch die Introversion zu erproben und außer dem Denken und Wahrnehmen auch das Gefühl und die Intuition zu entwickeln. Natürlich bleibt sie dabei die scharfsinnige Naturwissenschaftlerin, die sie vorher war; sie wird aber seelisch reicher.

Ein ausgeprägt intuitiver Mann mit stark introvertierter Einstellung lebt als sonderlingshafter Privatgelehrter allein in seinem elterlichen Hause und arbeitet seit Jahren an einem Buch über islamische Mystik. – Besondere Umstände führen dazu, daß er eines Tages seinen jungen Neffen bei sich im Haus aufnehmen muß. Ganz allmählich macht er eine Veränderung durch. Er wird – anfangs nur der Not gehorchend – etwas geselliger, unternimmt später ausgedehnte Reisen und hilft nach einigen Jahren seinem Neffen tatkräftig und engagiert beim Aufbau eines erfolgreichen Reiseunternehmens. Er gewinnt allmählich sogar Freude daran, als wissenschaftlicher Reiseleiter mit kleinen Gruppen den Vorderen Orient zu bereisen. Zwar interessieren ihn die aufgesuchten Orte viel mehr als die mitreisenden Menschen, und er verbringt die Abende in den Hotels lieber allein als in der Gruppe, aber im Vergleich mit früher ist er geradezu gesellig geworden und vermag sich an die Außenwelt recht gut anzupassen.

Aber läuft das, was diese beiden Beispiele veranschaulichen sollen, nicht doch wieder auf jenen Kompromiß des Sowohl-Als-auch hinaus, den ich vorhin abgelehnt habe? Durchaus nicht, denn der Introvertierte, der die Extraversion mühsam zu leben gelernt hat, hört deswegen nicht auf, auch weiterhin der Innenwelt mehr Bedeutung beizumessen als dem äußeren Objekt. Ihm ist aber die Sicht des Extravertierten nachvollziehbar geworden; und er kann sie, gewissermaßen probehalber, bewußt einsetzen. Dasselbe gilt für die Funktionen. Ein Mensch, der die Wirklichkeit – sei es extra- oder introvertiert – vorwiegend intuitiv-ahnend erfaßt, wird nie aufhören, ein Intuitiver zu sein, aber er kann lernen, seinen entgegengesetzten Typus, nämlich den, der die Wirklichkeit vornehmlich mit den Sinnesorganen (also «empfindend») erfährt, zu verstehen, und es ihm ein wenig gleichzutun.

So stellt Jungs Typologie nicht nur ein Schema zur Erfassung und Beschreibung verschiedener Typen von Menschen dar, sondern sie enthält vor allem die Aufforderung, die eigenen Einseitigkeiten zu erkennen und an ihrer Entschärfung zu arbeiten.

Wer nämlich die Erlebnisweise und das Weltbild seines Typus absolut setzt, der kann den Vertreter des entgegengesetzten Typus nicht nur nicht verstehen, sondern er neigt dazu, ihn zu verachten und zu bekämpfen. Dabei sind die durch entgegengesetzte typische Einstellungen bedingten Feindseligkeiten um so heftiger, je weniger sie in ihren Ursachen erkannt sind.

Für andere Feindbilder bestehen bewußte (wenn auch noch so unzutreffende) Begründungen: der Kapitalist haßt den Kommunisten, weil der dem Reich des Bösen angehört; der Weiße verachtet und fürchtet den Farbigen, weil der primitiv und triebhaft ist; die Christen bekämpften die Heiden, weil die den rechten Glauben nicht annehmen wollten – und so weiter.

Daß hingegen der eine den anderen verachten, bekämpfen und hassen kann, weil jener eine andere Einstellung hat zum Verhältnis zwischen Innenwelt und Außenwelt – also einem entgegengesetzten Typus angehört –, das klingt, obgleich es eine alltägliche Erfahrung sein könnte, dem allgemeinen Verständnis doch wohl ziemlich fremd.

Wir brauchen uns jedoch nur für einen Augenblick von den Vokabeln der Jungschen Typologie freizumachen, um zu entdecken, daß der Gehalt dieser Typologie von großer Aktualität ist bei einer kollektiven Feindseligkeit, die das öffentliche Bewußtsein unseres Jahrhunderts stark beschäftigt: der Feindseligkeit nämlich zwischen dem herrschenden Patriarchat und der wiedererwachten Sehnsucht nach einer matriarchal geprägten Kultur.

Zu den Tugenden des einseitig patriarchal bestimmten Menschen gehören Objektivität, Klarheit, Distanz, Zielstrebigkeit, Durchsetzungsvermögen. Sein Ziel ist – in Bezug auf die Außenwelt – exakte Erkenntnis der Naturgesetze und deren sinnvolle Anwendung in der Technologie. Dabei ist ihm die Innenwelt nicht etwa gleichgültig. Nein, auch die Psyche muß zum Objekt der Forschung gemacht werden; und zwar aus zwei Gründen: zum einen, weil auch seelische Phänomene zur Wirklichkeit gehören, zum anderen, weil durch verbesserte Erkenntnis psychischer und psychosozialer Gesetzmäßigkeiten die Vorraussetzungen geschaffen werden für ein störungsfreies und friedlicheres Zusammenleben der Menschen.

Der patriarchal bestimmte Mensch (den es in der hier skizzierten Einseitigkeit als Individuum nicht gibt!) ist also in rein extravertierter Form auf das Objekt bezogen, das heißt: er erkennt nur die Außenwelt als «Wirklichkeit» an, und er «objektiviert» auch noch die Psyche zu einem Bestandteil der meßbaren Realität. Die Funktionen, derer sich dieser Mensch bedient, sind das Wahrnehmen und das Denken – was zur Folge hat, daß die Intuition und das Gefühl bei ihm unterentwickelt bleiben und daß er sie als minderwertig erlebt.

Das Gegenbild des einseitig patriarchal bestimmten Menschen, nämlich der einseitig matriarchal geprägte Mensch (den es – glücklicherweise – ebenfalls kaum als reale Person, sondern vor allem als Idealbild der Vergangenheit oder als Vorbild für die Zukunft gibt), steht zur Welt im umgekehrten Verhältnis: wirklich ist für ihn die Wirklichkeit der Seele, also die Innenwelt; sein Ziel ist die höchstmögliche Entfaltung der seelischen Kräfte und Möglichkeiten. Dabei kann und will er die Außenwelt natürlich nicht außer acht lassen. Aber sie wird nicht zum Objekt von Erkenntnis und Beherrschung gemacht, sondern sie ist Gegenstand der Verehrung und der Pflege, weil sie, als «Mutter Natur», die Ermöglichung und Versinnbildlichung des seelischen Lebens darstellt.

Zwar kann der matriarchal bestimmte Mensch des Wahrnehmens und Denkens nicht entraten, aber seine Hauptfunktionen sind zweifellos die Intuition und das Gefühl. Seine introvertierte Grundeinstellung gibt seinem Wahrnehmen und Denken eine so stark subjektive Färbung, daß er zum Naturwissenschaftler und zum Techniker schlechterdings ungeeignet ist – und zwar nicht wegen mangelnder Intelligenz, sondern wegen mangelnden Interesses an dieser Art von intellektueller Betätigung. Die Art der Wahrnehmung des matriarchalen Menschen ist – auch wenn er keine Kunstwerke hervorbringt – eine künstlerische Wahrnehmung; die Art seines Denkens ist ein mythisches Denken, worauf ich gleich zurückkommen werde.

Zuvor muß ich aber auf ein mögliches Mißverständnis hinweisen. Wenn ich bisher zwei entgegengesetzte Arten der Wirklichkeits-Erfahrung anhand der Jungschen Typologie schilderte und diese beiden Erfahrungs-Arten zwei verschiedene Typen von Menschen zuordnete, so waren die umständlichen Ausdrücke «matriarchal geprägter Mensch» und «patriarchal bestimmter Mensch» nicht etwa als verklausulierte Umschreibungen für «Frauen» und «Männer» eingesetzt.

Ich meine also nicht etwa, daß Männer extravertierte Denk- und Empfindungstypen, Frauen dagegen introvertierte Spezialistinnen für Gefühl und Intuition seien.

Es ist komplizierter. In der patriarchalen Kultur gelten Extraversion, Denken und Wahrnehmen als die «höheren» Qualitäten, und weil in ihr – jedenfalls im öffentlichen Bewußtsein – die Männer den Vorrang haben, werden diese Qualitäten als vorwiegend «männlich» angesehen. Den Frauen wurden – zum Teil mit ihrem Einverständnis – Introversion, Gefühl und Intuition zuerkannt, was zwar alles zu den Tugenden der «nach innen gewendeten» Hausfrau und Mutter bestens zu passen schien, im Kontext einer patriarchal urteilenden Welt aber doch als zweitrangig, wenn nicht gar als minderwertig galt.

Diese grobschlächtige Zuteilung von Erlebnisweisen an die Geschlechter geht aber an der Wirklichkeit vorbei. Denn die seelischen Unterschiede, die nach meiner Überzeugung tatsächlich zwischen Männern und Frauen bestehen, sind doch nicht von so grundsätzlicher Art, daß sie sich auf die elementaren Bestandteile der seelischen Konstitution beziehen. Intro- und Extraversion sind menschliche Grundeinstellungen, die primär mit dem Geschlecht nichts zu tun haben – so wenig wie Denken und Wahrnehmen eine Domäne der Männer oder Gefühl und Intuition eine reine Frauensache sind.

Unter typologischem Gesichtspunkt betrachtet, richtet sich der Protest des Feminismus gegen zwei verschiedene, aber gleich mächtige Fehlurteile: zum ersten gegen die Überzeugung, daß extravertiertes Denken und Wahrnehmen den Männern zu eigen sei, zum zweiten gegen die Behauptung, daß Introversion, Gefühl und Intuition von minderwertiger Qualität seien.

Während nun der ältere Feminismus in der Gefahr stand, nur das erste Vorurteil zu bekämpfen, und zwar mit dem Ziel, den Frauen gleiche Rechte und Möglichkeiten in der patriarchalen Oase des extravertierten Denkens und Wahrnehmens zu erobern, ist der heutige Feminismus viel stärker auf eine Umwertung unserer typologischen Wertvorstellungen bedacht und bestrebt, die Gleichrangigkeit oder gar Überlegenheit von Introversion, Gefühl und Intuition zu betonen.

Ich bejahe diese Umwertung nicht nur, sondern halte sie für lebenswichtig. Allerdings halte ich es für gefährlich, wenn dabei das erste der beiden Fehlurteile in bezug auf Männer aufrecht erhalten bliebe. Es ist, wie der frühere Feminismus zu Recht gezeigt hat, nicht wahr, daß die typologischen Unterschiede, von denen hier die Rede ist, geschlechtsspezifisch sind. Frauen können so gut wie Männer extravertiert denken und wahrnehmen. Das heißt aber auch umgekehrt, daß Männer zum introvertierten Fühlen und Intuieren im gleichen Maße befähigt sind wie Frauen – wenn auch oft in viel geringerem Maße darin geübt.

Es geht mir dabei nicht um Rechthaberei. Es geht nicht einmal (nun mit umgekehrten Vorzeichen) um «Gleichberechtigung». Es geht darum, die gemeinsamen Möglichkeiten beider Geschlechter zu sehen, um die alten verheerenden Einseitigkeiten zu überwinden.

Darum habe ich so umständlich von patriarchal und matriarchal bestimmten Menschen gesprochen; die Trennungslinie zwischen beiden ist nicht durch das biologische Geschlecht gegeben, sondern durch die verschiedene Einstellung zur Innen- und Außenwelt oder zu der Frage nach der Wirklichkeit.

Bevor ich das Mißverständnis zurückgewiesen hatte, daß hier von Unterschieden zwischen Männern und Frauen die Rede sei, hatte ich das Denken des introvertierten Gefühls- und Intuitionstypus als ein mythisches Denken bezeichnet. Ich will jetzt dort wieder ansetzen.

Die Zurückführung unterschiedlicher Wirklichkeitserfahrungen auf typologische Gegensätze ist natürlich nur eine neben anderen Erklärungsmöglichkeiten.

C. G. Jung selbst hat, neun Jahre bevor er «Psychologische Typen» veröffentlichte, auf «die zwei Arten des Denkens» hingewiesen, die ein je anderes «Weltbild» erzeugen[2].

Er schreibt: «Wir haben also zwei Formen des Denkens: das gerichtete Denken und das Träumen oder Phantasieren»[3]. Später spricht er vom «gerichteten und angepaßten» und im Gegensatz dazu vom «subjektiven, von inneren Motiven bewegten» Denken[4].

Das von inneren Motiven bewegte Traum- oder Phantasiedenken wird in Parallele gesetzt zum Denken der Kinder, der «Primitiven» und zum mythischen Denken.

Vom mythischen Denken heißt es: «All jene Gestaltungskraft, die der moderne Mensch auf Wissenschaft und Technik verwendet, hat der antike seiner Mythologie gewidmet... Diese Tätigkeit des früh-antiken Geistes arbeitete künstlerisch par excellence. Nicht das Wie der wirklichen Welt möglichst objektiv und exakt zu erfassen, sondern sie subjektiven Phantasien und Erwartungen ästhetisch anzupassen, scheint das Ziel des Interesses gewesen zu sein»[5]. (Gegenüber dieser Auffassung von der Entstehung der Mythen habe ich Einwände, die ich später vorbringen werde. Mir geht es jetzt nur um Jungs Charakterisierung des mythischen Denkens.)

Das mythische Denken ist jedoch, trotz seiner Ähnlichkeit mit dem Denken des «Primitiven» und des Kindes, schon in Jungs damaligem Verständnis nicht etwa ein minderwertiges Denken. Er betont, daß «der im Mythus denkende und lebende Mensch eine erwachsene Wirklichkeit und nicht ein vierjähriges Kind» sei[6]. «So ist auch der auf unbewußten Phantasievorgängen beruhende Mythos in puncto Sinn, Gehalt und Form keineswegs infantil... obschon er ein Weltbild schafft, das sich mit unserer rationalen und objektiven Anschauung kaum in Vergleich setzen läßt»[7].

Sehr wichtig ist die in diesem Zitat ausgesprochene Auffassung, daß der Mythos auf *unbewußten* Phantasievorgängen beruhe. So ist auch das mythische Denken «in der Hauptsache subjektiv motiviert, und zwar viel weniger durch bewußte, als vielmehr *durch unbewußte Beweggründe*»[8].

So tritt also endlich der Begriff des Unbewußten in meine Überlegungen ein. Ich vermute, daß das mit diesem Begriff Gemeinte (das glücklicherweise als so bekannt angenommen werden darf, daß sich eine nochmalige Beschreibung erübrigt) die wichtigste Ursache dafür ist, ob ein Mensch die Wirklichkeit mehr in den Objekten seiner Umgebung oder mehr in seinem Inneren erfährt.

Aus Gründen, die wir nicht – oder nur ganz unvollkommen – kennen, ist für den einen das wirkende Bestehen des Unbewußten selbstverständlich, für den andern existiert es – in seinem Bewußtsein! – nicht. Der erste spürt, auch wenn er das Wort «das Unbewußte» nie gehört hat, daß in ihm Kräfte wirksam sind, die er nicht kennt und die er infolgedessen nicht dirigieren kann. Er ist deswegen sich selbst nicht ganz geheuer und jedenfalls genötigt, den unbekannten inneren Kräften Aufmerksamkeit zuzuwenden.

Der andere kennt solche Unsicherheiten nicht: er meint

sich selbst genau zu kennen und sieht Gründe zur Verunsicherung nur in dem, was ihm von außen zustößt.

Der erste wird empfänglich sein für alle Arten von Bildern, Märchen, Geschichten, Romanen, Filmen – gleichgültig auf welchem Niveau, gleichgültig in welcher Form –, solange sie ihm nur erlauben, etwas von dem ihm Unbewußten in diesen Gebilden wahrnehmen zu können, es also, psychologisch gesprochen, dort hineinzuprojizieren. So ist die äußere Welt für ihn zwar sehr lebendig, aber letztlich doch nur als Spiegel des von ihm geahnten Unbewußten, das seinem Weltbild die dritte Dimension, die «Tiefe», gibt.

Der zweite sieht die Welt zweidimensional: er ahnt nicht, daß auch er auf die Gegenstände der Außenwelt projiziert, für ihn handeln Bilder und Geschichten nicht von ihm, sondern von den andern, und sie dienen zu nichts, als zur «Ablenkung», nämlich zur Ablenkung von ihm selbst.

Die vom Bewußtsein geahnte oder nicht geahnte Abhängigkeit vom Unbewußten scheint mir – für mein derzeitiges Verständnis – der ausschlaggebende Grund dafür zu sein, ob jemand die Wirklichkeit vorwiegend in seinem Inneren oder vorwiegend draußen zu erleben meint.

Der zum mythischen Denken und Erleben fähige Mensch verdankt diese Fähigkeit nicht seiner Introvertiertheit, sondern er ist introvertiert und denkt mythisch, weil er zum Unbewußten hin offen ist.

Und umgekehrt: dem Rationalisten ist nicht deswegen das mythische Denken skandalös, weil er extravertiert ist, sondern er ist extravertiert und anti-mythisch, weil er vom Unbewußten abgeschlossen ist.

Wichtiger aber als diese Vermutungen über die Typologie ist mir die Einsicht, daß unser Verhältnis zur Wirklichkeit nicht zufällig in diese oder in jene Richtung weist, sondern daß es durch das Verhältnis bestimmt ist, das wir in unserem Bewußtsein zum Unbewußten haben.

Es scheint einleuchtend, daß eine Offenheit für die Kräfte des Unbewußten das zielgerichtete, auf die äußere Realität und deren Bewältigung bedachte Denken zu stören und zu beeinträchtigen vermag. Es ist auch verständlich, daß eine Neigung des Bewußtseins, sich auf das Unbewußte einzulassen, ein primitives, traumhaftes, phantasievolles Erleben der Wirklichkeit bewirken kann. Aber das daraus resultierende «mythische» Denken ist doch wohl heutzutage nur noch bei Kindern, oder allenfalls bei sogenannten «Primitiven» anzutreffen. Oder etwa nicht?

Ich habe den Eindruck und die Hoffnung, daß wir uns in einem Entwicklungsprozeß befinden, der eine Wiederbelebung des mythischen Denkens mit sich bringt. Ich sehe darin keine mit einem *sacrificium intellectus* einhergehende Regression, sondern eine alles bisher Erworbene einschließende Weiterentwicklung, die unser rationales Wirklichkeitsverständnis nicht ablöst, sondern ergänzt: nämlich um die Wiederentdeckung der mythischen Wirklichkeitserfahrung. Mythische Erfahrung der Wirklichkeit aber bedeutet mehr als nur die Berücksichtigung des Unbewußten; sie bedeutet auch mehr als die Anerkennung des mythischen Denkens; sie bedeutet die Ehrfurcht vor den Göttern.

II Gibt es Götter wirklich?

Die Frage kann als albern, als ketzerisch oder als peinlich empfunden werden.

Albern wird sie dem puren Rationalisten erscheinen. Er weiß, daß es Götter nicht nur heute nicht gibt, sondern daß es sie nie gegeben hat. Ihm ist bekannt, daß die «Götter» der Mythen Phantasiegebilde, Fabeln oder Einbildungen einer noch unaufgeklärten Menschheit waren, in denen Naturereignisse, seelische Kräfte oder Ideen personifiziert wurden, teils aus Naivität, teils aus priesterlicher Berechnung – oder allenfalls aus der schon von jeher den Dichtern zugestandenen «dichterischen Freiheit». Die Frage im Perfekt gestellt wäre also ohne Zögern zu verneinen, im Präsens stellt sie fast schon eine Beleidigung dar.

Manchem Christen mag die Frage ketzerisch erscheinen. Neben der Dreieinigkeit des Vaters, des Sohnes und des Heiligen Geistes gibt es zwar die dämonischen «Fürstentümer und Gewalten», aber schon die Frage nach der Existenz des Teufels ist in der Theologie bekanntlich umstritten.

Zwar gab und gibt es heidnischen Irrglauben, aber Götter gibt es nicht. Die Frage so zu stellen, als ob eine bejahende Antwort auch nur möglich wäre, bedeutet eine Beleidigung der Majestät Gottes, bedeutet Ketzerei.

Peinlich dürfte die nackte Frage, ob es Götter gibt, für diejenigen sein, die den Mythen «Wahrheit» zuerkennen; die das «Numinose», wie es Rudolf Otto beschrieben hat, für etwas Wirkliches halten; die beispielsweise ein Buch wie Walter

F. Ottos «Die Götter Griechenlands» hochschätzen. Da ich zu dieser Gruppe von Menschen gehöre, will ich eingestehen: ja, es ist mir zumindest unangenehm, mit dieser Frage konfrontiert zu sein, aber immerhin bin ich es selbst, der sich in diese unangenehme Lage bringt, und ich hätte es nicht getan, wenn ich mich nicht zu der Antwort hätte zwingen wollen: ja, es gibt Götter.

Es ist schwierig, das so hinzuschreiben, wenn man es ernst meint. Und sofort macht sich die Versuchung bemerkbar, durch abmildernde Interpretationen des «es gibt» das Ungewöhnliche und Anstößige der einfachen Aussage zu relativieren. Ich meine aber mit «es gibt» nichts anderes als die Existenz in der Wirklichkeit. Zwar habe ich bisher noch nie im Zustand des Wachens Götter gesehen, aber ich habe ihre Nähe gespürt; und was das «Spüren» oder «Ahnen» angeht, so ist es für mich nicht weniger überzeugend als es der Anblick ist. Auch halte ich es angesichts der Arbeit mit vielen Tausenden von Träumen in meiner psychotherapeutischen Praxis für abwegig, den Träumen einen geringeren Grad von Realität zuzumessen als den wachen Erfahrungen – und in den Träumen «gibt» es Götter; sogar als sichtbare Gestalten.

Man wird einwenden, daß durch Hinweis auf Ahnungen und Träume zugegeben werde, daß es sich bei den Göttern um innerseelische Kräfte handle und daß es natürlich einem Jungschen Analytiker zugestanden werden müsse, die innerseelischen Archetypen als «wirklich existierende» Götter zu apostrophieren.

Aber das meine ich nicht. «Götter» ist nicht eine veraltete Bezeichnung für Archetypen, sondern der Jungsche Begriff «Archetypen» ist eine bescheidene – weil von der menschlichen Seele ausgehende – Annäherung an das Wesen der Götter. Die Götter aber – und hier sage ich nur, was ich «glaube» – bestehen unabhängig von den Menschen; ich glaube das mit derselben zögernden Gewissheit, mit der ich das von Menschen unabhängige Existieren der Natur «glaube».

Die Bejahung der Frage, ob es Götter auch außerhalb der menschlichen Seele als objektive Realitäten gebe, zieht weitere, eher noch unangenehmere Folgen nach sich.

«Halten Sie es denn für möglich, daß irgendwo ein Wesen existiert, das beispielsweise auf den Namen Hermes hört?» Nicht nur ein Wesen, antworte ich, sondern ein Gott. Allerdings bezweifle ich, daß er auf einen bestimmten Namen «hört» im Sinne von gehorchen. Erstens ist er nicht verfügbar, zweitens mag er andere Namen haben, drittens scheint niemand da zu sein, der ihn anrufen könnte.

Die Frage, was dieser Gott denn in den vergangenen zwei Jahrtausenden gemacht habe, in denen man nichts von ihm bemerkt habe, wird mich zu der Behauptung veranlassen, daß er – in nie unterbrochener Kontinuität – heute so gegenwärtig und wirksam sei wie vor dreitausend Jahren und daß man den Spuren seines Wirkens überall begegnen könne, vielleicht sogar bis hinein in meinen augenblicklichen Dialog.

«Aha», sagt mein Skeptiker, «Sie meinen also mit den Göttern so etwas wie Prinzipien, so daß Sie für das vermittelnde Prinzip ‹Hermes›, für das Prinzip der Ordnung ‹Zeus›, für das erotische Prinzip ‹Aphrodite› sagen, und so weiter?»

Ich räume ein, daß ich der Versuchung, die Götter auf Prinzipien zu reduzieren, nicht immer widerstehen kann und daß ich im weiteren Gang dieses Essays gelegentlich vom apollinischen und vom dionysischen Prinzip sprechen werde. Diese Prinzipien machen aber nicht das Wesen der Götter aus, sondern sie sind von ihnen abgeleitete Abstrakta, während die Götter selbst lebendige Realitäten sind. Der Untertitel meines Buches heißt deswegen auch nicht: das Apollinische und das Dionysische, sondern eben: Apollon und Dionysos.

Ich muß mich schließlich auf die höfliche Anfrage gefaßt machen, ob nicht mein Beharren auf der «lebendigen Realität» der Götter einem kindlichen oder naiven Wunschdenken entspreche, das doch bei einem aufgeklärten Erwachsenen eher befremdlich sei.

Hier erlaube ich mir, auf meinen eigenen christlichen Glauben hinzuweisen. Wenn Gott *nicht* in Jesus von Nazareth Mensch geworden und wenn dieser Jesus nicht als der Christus vom Tode auferstanden wäre, dann wäre, für mein Erleben, der christliche Glaube hinfällig. Und weiter: wenn in der Eucharistie *nicht* eine Transsubstantiation von Brot und Wein in den Leib und das Blut Christi erfolgen würde, dann würde, für mein Erleben, der christliche Gottesdienst eine blutleere allegorische Veranstaltung sein, die keinerlei Teilhabe des Menschen am Göttlichen ermöglichen würde. – Solche Überzeugungen aber halte ich nicht für naiv oder kindlich, sondern ich weiß mich in ihnen mit vielen subtil reflektierenden Erwachsenen verbunden. Dennoch stelle ich mir bei «Vater unser, der Du bist im Himmel ...» weder einen bärtigen Alten noch einen Palast über den Wolken vor.

So wie es dem Gläubigen geschehen kann, daß er in Brot und Wein den Leib und das Blut des Mensch gewordenen Gottes real erfährt, ohne daß er deswegen erwartet, mit blutbeschmiertem Munde auf Muskulatur zu kauen, so kann ein Ergriffener die Anwesenheit von Göttern real erfahren, ohne zu erwarten, daß er sie photographieren könne.

An dieser Stelle ist die Frage zu erwarten, ob also die Götter nur als Symbole zu verstehen seien. Ohne das «nur» kann ich die Frage halbwegs bejahen. Das Wort «nur» hat seine Berechtigung bei Zeichen, Allegorien, Gleichnissen; nicht aber bei Symbolen. Ein Zeichen kann nur etwas ganz Bestimmtes bezeichnen, ein Symbol aber hat Anteil an dem Ungreifbaren, auf das es durch seine Gestalt hinweist. Das Symbolisierte ist mehr als das Symbol, aber es ist auf die Gestalt des Symbols angewiesen, um erfahrbar zu werden; es ist also in der Symbolgestalt anwesend.

Es gilt nun aber eine weitere Differenzierung vorzunehmen. Nicht die Götter selbst sind Symbole, sondern alle Aussagen über sie: ihre Geschichten, ihre Attribute, ihre Abbildungen sind es, während die Götter selbst das Symbolisierte sind.

Hinter den Geschichten von Hermes, hinter seinen Flügelschuhen, seiner Tarnkappe, seinem Botenstab, hinter den Bildnissen, die wir von ihm kennen, wie hinter jeder «Herme», die am Wegrand oder vor den Häusern stand – hinter all diesen Symbolen des Hermes steht der Gott selbst oder das Symbolisierte, ein lebendiger Gott, der jedoch ohne die auf ihn hinweisenden Symbole für uns nicht konkretisierbar wäre.

So jedenfalls müssen wir von den Göttern reden. Unsere schwerfälligen Unterscheidungen jedoch, die wir aus Mangel an Erfahrung und aus Überfluß an rationaler Skepsis zu treffen genötigt sind, wären für die archaischen Griechen unverständlich gewesen. Für sie waren die Götter ständig gegenwärtig; sie nahmen sie sinnlich wahr, und es war ihnen kein Unterschied, ob die Götter in menschlicher oder tierischer Gestalt, im Wachen oder im Traum, als Morgenröte oder als Lust der Liebe erschienen: sie mußten die Götter nicht «glauben» oder «ahnen» oder als das im Hintergrund stehende «Symbolisierte» anerkennen: sie erfuhren die Gegenwart der Götter in allem, was sie – erschreckend oder entzückend – bewegte. In jeder Erfahrung von Ordnung und Erkenntnis war Apollon gegenwärtig, jede geistesgegenwärtige Tat war das Werk der Athene, und Aphrodite war anwesend, wo geliebt wurde.

«Gut», meldet sich der Skeptiker wieder, «so wurde das Leben der alten Griechen von jenen schwärmerischen Mythologen beschrieben, die von sich meinten, sie könnten sich in die Seele archaischer Menschen hineinversetzen, aber das gilt doch nicht für uns! Wollen Sie denn etwa eine Religiosität wiederbeleben, die zur archaischen Menschheit gehörte – und übrigens: warum denn ausgerechnet die griechische?»

Der Versuch, eine vergangene Epoche wieder aufleben zu lassen, wäre in der Tat töricht. Weder denke noch wünsche ich, daß wir unser Bewußtsein um Jahrtausende zurückverändern könnten. Wohl aber halte ich es für möglich, daß die Götter, die vor Jahrtausenden als die Unsterblichen erfahren wurden, ihre Unsterblichkeit behalten haben und also noch heute leben. Nur müssen wir, um ihre Wirklichkeit noch wahrzunehmen, unsere Blickrichtung ändern: es wird uns nur noch selten zuteil, sie «draußen» zu erkennen, weil wir die Transparenz nach außen mit unserem Intellekt vermauert haben. Wenn wir aber nach innen schauen, so können die Götter uns von dort entgegenkommen, aber nicht, weil sie Bestandteile oder Hervorbringungen unserer Seele wären, sondern weil die Unterscheidung zwischen Außenwelt und Innenwelt für sie nicht existiert – was allerdings nur unserer Vermutung, nicht einer beweisbaren Tatsache entspricht.

Von den Göttern Griechenlands handle ich hier, weil sie die einzigen sind, mit denen ich einigermaßen vertraut bin. Ich bezweifle nicht, daß es aztekische, indische oder ägyptische Götter ebenso «gibt» wie griechische, aber nur von den aztekischen ahne ich etwas, während ich über die ägyptischen und indischen ausschließlich Kenntnisse besitze. Das liegt daran, daß ich in Mexiko gereist bin und heilige Stätten besuchen konnte, während ich über ägyptische und indische Religion nur gelesen habe.

Sind denn die Götter an gewisse Länder gebunden, oder sind sie gar National-Gottheiten?

Nun, der Olymp liegt eben nicht am Nordpol, und die germanischen Götter würden kaum am Nil zu erwarten sein. Natürlich «passen» die Geschichten der Götter in die Landschaften, in denen sie erlebt wurden, und selbstverständlich besteht eine Wechselbeziehung zwischen den Eigenarten der Völker und den symbolischen Gestalten, in denen sie die Götter erfahren. Die Frage aber, ob die Eigenarten der Göttergestalten eine Folge von Klima, Landschaft und Volkscharakter der Menschen seien, oder ob nicht umgekehrt die Götter sich ihre Länder und die dahinein passenden Menschen erschufen, diese Frage muß mindestens offen bleiben, wenn man den Göttern Wirklichkeit zuerkennt.

So haben die Götter die mit ihrem Wesen korrespondierenden heiligen Orte und Landschaften, und die Menschen haben die von ihren Göttern geprägten Kulturen. Offensichtlich ist die kulturprägende Kraft der griechischen Götter im Abendland größer gewesen als die der germanischen, so daß auch uns Nordländer der Olymp innerlich näher liegt als Walhalla oder Thule. Unabhängig von unserer kulturellen Prägung, die uns Zeus lebendiger erscheinen läßt als Odin und Hermes näher als Loki, scheinen wir doch in der Lage zu sein, uns der Wirklichkeit *aller* Götter anzunähern, sofern wir uns in ihre Geschichten vertiefen und uns zu ihren heiligen Orten auf den Weg machen.

Wer das auch nur andeutungsweise erfährt – und die Zahl der Menschen, die zu solchen Erfahrungen bereit und in der Lage sind, scheint merklich größer zu werden –, für den kann der Gedanke zur erlebbaren Gewissheit werden, daß es die stets gleiche, nur in der menschlichen Anschauung sich immer wieder wandelnde Wirklichkeit der Götter ist, die in den ungezählten Göttergestalten der Menschheit zur Erscheinung kommt.

Wenn ich also – um nach dem Wesen der Wirklichkeit zu fragen – auf den folgenden Seiten zwei *griechische* Götter beschreiben und vergegenwärtigen werde, so geschieht das aus einer kulturellen Geprägtheit heraus, die mir diese besonders nahe sein läßt. Für Menschen aus anderen Kulturen würden andere Göttergestalten vermutlich die gleichen Vor-Bilder darstellen können.

Eine Bemerkung noch zu meinem Vorgehen. Ich entnehme das beschreibende Material verschiedenen wissenschaftlichen Werken zur griechischen Religion (siehe Literaturverzeichnis), in denen jeweils die Quellen angegeben sind. Ich verzichte dabei sowohl auf die Angaben meiner Belegstellen in der Sekundärliteratur als erst recht auf die der dort verzeichneten Quellen. Bei der *Beschreibung* der beiden Götter geht es mir lediglich um einen ganz knappen Überblick über die wichtigsten Elemente, aus denen sich in der Überlieferung ihr Bild zusammensetzt.

Bei der *Vergegenwärtigung* der Göttergestalten ist es mein Ziel, deren Wesen aus meiner, also aus heutiger Sicht zu erfassen. Die historische Entwicklung der Mythen interessiert mich dabei ebenso wenig wie religionswissenschaftliche oder philosophische Fragen. Ob ein Zeugnis über die Götter älter oder jünger ist, ob es aus Kleinasien oder vom Peloponnes stammt, ob es reichlich oder nur spärlich belegt ist: es gehört zum Bilde des Gottes; und ob ich es beiziehe oder nicht, hängt davon ab, ob es mich «anspricht». – Dabei bemühe ich mich aber, nicht willkürlich zu verfahren. Ich werde also versuchen, die Darstellungen der Götter so zu gestalten, daß keine wesentlichen Elemente ausgelassen werden, obwohl natürlich Vollständigkeit angesichts der Fülle von Einzelheiten und ihren Varianten nicht möglich ist.

Apollon

Apollon ist – als einziger der olympischen Götter – ein Zwillingskind. Seine Mutter, die Titanin Leto, hatte von Zeus nicht nur ihn, sondern zu gleicher Zeit auch seine Schwester Artemis empfangen.

Die schwangere Leto mußte, als die Zeit des Gebärens herannahte, eine langwierige und gefährliche Suchwanderung über die Berge und Inseln Griechenlands unternehmen, um einen Platz zu finden, an dem sie gebären könne. Alle Orte weigerten sich nämlich, sie aufzunehmen, weil sie den mächtigen und unnachsichtigen Gott fürchteten, der da geboren werden sollte. Nur die unfruchtbare Insel Delos war schließlich bereit, die Niederkunft der Titanin und die Ankunft der göttlichen Geschwister zu ermöglichen. Artemis wurde als erste und ohne Wehen geboren, und sie machte sich sofort daran, der Mutter Leto bei der Geburt des Apollon Hilfe zu leisten. Diese dauerte neun Tage und neun Nächte, und sie war so schwer, daß es des Beistandes mehrerer weiterer Göttinnen bedurfte. Mit dem Hervortreten des Apollon jedoch begann die Insel Delos zu duften und zu blühen, und ihre Bäume vergoldeten sich. Singende Schwäne umkreisten die Insel, und der neugeborene Apollon wurde in ein golddurchwirktes Tuch gewickelt und von der Göttin Themis, die zugegen war, mit Ambrosia und Nektar – statt mit Letos Milch – empfangen.

Kaum mit der Götterspeise zum ersten Male genährt, sprang der Neugeborene auf, die Windeln und das goldene Windelband fielen von ihm ab, und er rief aus: «Das Saitenspiel will ich lieben und den geschwungenen Bogen, und will den Menschen künden des Zeus untrüglichen Ratschluß!»

Das Saitenspiel (oder die Leier), der Bogen mit den «fernhintreffenden» Pfeilen und die Herrschaft über das Orakel, das den Willen des Zeus verkündet, sind in der Tat die bezeichnendsten Attribute des ewig jünglingshaften Apollon, zu dessen vornehmsten Eigenschaften Reinheit, Klarheit und Ordnung gehören.

Wenn Apollon die Leier schlägt (wozu die Musen, deren Führer er ist, zu singen pflegen, während er selbst kein Sänger ist), so geht von dieser Musik Freude und Klarheit, keineswegs aber Rausch und Überschwang aus. Seine Musik führt rhythmisch gegliederte Ordnung, nicht etwa enthusiastischen Taumel herauf. Sein Gesicht ist die Sonne, und sie ist das «Plektron», mit dem er die Leier schlägt, um mit ihren Klängen das Weltall in harmonischer Bewegung zu erhalten.

Sein Bogen und dessen Pfeile machen ihn zum «Ferntreffer». Jeder Bogenschuß, der sein Ziel erreicht, verdankt sich dem Beistand des Apollon, so am berühmtesten der Meisterschuß des Odysseus, am Tage seiner Heimkehr, der übrigens ein Festtag des Apollon war. Apollon selbst vernichtete seine Feinde mit verderblichen Pfeilen – aber er kann auch (ebenso wie seine Schwester Artemis) mit «sanften» Pfeilen einen milden Tod herbeiführen, der die Getroffenen nicht dahinrafft, sondern sie «entschlafen» läßt.

Das Orakel schließlich, dessen Herr er ist und dessen Standort im Apollon-Tempel zu Delphi nur der berühmteste unter mehreren ist, dient nicht einer magischen Wahrsagerei und schon gar nicht menschlichem Eigennutz, sondern es verkündet «des Zeus untrüglichen Ratschluß», der im allgemeinen mit einer «Rüge der menschlichen Eitelkeit» einhergeht. Die Sprüche des Orakels sind nichts weniger als Erfolgsrezepte; sie stellen vielmehr Ermahnungen dar, die den Menschen auffordern, seine Ohnmacht gegenüber den Göttern und damit das ihm zukommende Maß zu beherzigen.

In diesem Sinne ist auch das «Erkenne dich selbst» zu verstehen, das den Menschen empfängt, der das Heiligtum des

Apollon in Delphi betritt. Nicht Selbsterkenntnis oder gar Selbstverwirklichung im heutigen Sinne verlangte die Aufforderung, sondern fast das Gegenteil: Erkenne dich selbst in deiner unbedeutenden Winzigkeit, wenn du dich hier dem Ort der Götter näherst.

Apollon wäre indessen kein Gott, wenn er nicht auch am Dunklen Anteil hätte.

So tötete er alsbald nach seiner Geburt den phallischen Riesen Tityos, der seine Mutter Leto bedroht hatte. Vor allem aber erlegte er, als kleiner nackter Knabe mit langem Haar, auf den Armen seiner Mutter nach Delphi getragen, mit mehreren Pfeilschüssen einen weiblichen Drachen (oder eine Riesenschlange), Delphyne, die dort zusammen mit einer männlichen Schlange namens Python hauste. (In anderen Versionen ist es der Python, den er mit Pfeilen tötet.)

Diesen Mord muß er bemerkenswerter Weise durch eine achtjährige Knechtschaft als Hirte beim König Admetos in Thessalien büßen; und erst nach dieser Reinigung kehrt er als der «Phoibos», das heißt: der Reine, nach Delphi zurück, mit einem Zweig des heiligen Lorbeerbaumes und mit einem Kranz geschmückt.

Nicht von Unreinheit, aber von Tragik sind manche seiner Liebesgeschichten verdüstert. So entzog sich ihm die Jungfrau Daphne, die eine Gespielin seiner Schwester Artemis und deswegen seinem leidenschaftlichen Werben abhold war, indem sie sich von ihrer Mutter Erde in einen Lorbeerbaum verwandeln ließ.

Ein anderes Mädchen, Marpessa, wurde von Apollon entführt, obgleich sie die Braut eines Mannes namens Ida war. Ida begann gegen Apollon zu kämpfen, aber Zeus griff ein, indem er dem Mädchen befahl, zwischen den beiden Bewerbern zu wählen. Das Mädchen Marpessa entschied sich für Ida und gegen Apollon, weil dieser als Unsterblicher sie, wenn sie altern würde, verlassen könnte.

Schreckliches hatte Kassandra, die Tochter des trojanischen Königs Priamos, durch die Liebe des Apollon zu erleiden. Unter den Gaben, mit denen Apollon sie werbend überhäuft hatte, befand sich auch die der Weissagung. Da Kassandra sich jedoch durch nichts gewinnen ließ, verkehrte Apollon die Prophetengabe zum Üblen: sie mußte stets nur die düstere Wahrheit voraussagen und wurde dabei entweder gar nicht angehört oder wegen ihrer Vorhersagen verflucht.

Noch schlimmer erging es der Sibylle von Cumae. Apollon wäre bereit gewesen, sie unsterblich zu machen, sofern sie sich ihm hingeben würde. Ihre Absage führte ihn schließlich dazu, ihr jeden beliebigen Wunsch freizustellen. Sie wünschte sich, so viele Jahre leben zu können, als sie Staubkörner in der Hand halte. Apollon erfüllte ihr diesen Wunsch, ohne jedoch dadurch ihre Hingabe zu erreichen. Nun konnte er, ohne wortbrüchig zu werden, eine grausame Rache nehmen: da sie nicht gewünscht hatte, während ihres langen Lebens (tausend Staubkörner hatte sie in der Hand gehalten) auch jung zu bleiben, schrumpfte sie schließlich zu einem winzigen Häuflein zusammen, das, in einer Flasche aufbewahrt, auf die Frage, was sie wünsche, nur immerfort antworten mußte: «Ich wünsche zu sterben.»

Ein anderes Mädchen, Koronis, Tochter des Königs Phlegyas (das heißt: der Feuerrote) ließ sich von Apollon schwängern, wählte dann aber einen Sterblichen, Ischys (das heißt: der Starke), zum Manne. Als Apollon von der Hochzeit der Koronis mit Ischys erfuhr, schickte er seine Schwester Artemis in die Heimatstadt der Koronis und ließ nicht nur diese, sondern viele andere Frauen durch die Pfeile der Artemis töten. – Als die Leichen der getöteten Frauen verbrannt wurden, rief Apollon plötzlich: «Ich dulde nicht weiter, daß mein Sohn mit der Mutter untergeht!» Er nahm den Ungeborenen aus dem Leibe der verbrennenden Mutter heraus und brachte ihn zu dem weisen Kentauren Chiron. Dieser ließ dem Knaben eine sorgfältige Erziehung angedeihen, und so wurde aus dem Sohn des Apollon und der durch Artemis vernichteten Koronis der göttliche Arzt Asklepios.

Aber nicht alle Liebschaften des Apollon endeten tragisch. Als er eine der Artemis ähnliche jungfräuliche Jägerin namens Kyrene beobachtete, während diese gerade ohne Waffen und mit nur einem Arm einen Löwen niederrang, war er nicht nur sofort verliebt, sondern auch so klug, den Rat des weisen Chiron einzuholen. Er folgte diesem Rat, entführte die starke Kyrene in seinem goldenen Schwanenwagen nach Nordafrika und konnte schließlich in «Libyens goldenem Brautgemach» die Vereinigung mit Kyrene genießen, der ein göttlicher Sohn, Aristaios (das heißt: der beste Gott) entsproß.

Daß die Liebe Apollons nur selten Glück und Leben spendete, erfuhren auch die Knaben, denen seine Liebe galt. So tötete er versehentlich den geliebten schönen Knaben Hyakinthos mit einer steinernen Diskos-Scheibe, als die beiden sich am Diskos-Spiel erfreuten; aus dem Blut, das aus der Stirnwunde des Knaben auf die Erde floß, entsprang die dunkelblaue Hyazinthe, in der er ewig weiterlebt. In der immergrünen Zypresse hat ein anderer Geliebter des Apollon sein ewiges Weiterleben gefunden: der Knabe Kyparissos. Er hatte, ähnlich wie Apollon selbst, ungewollt ein geliebtes Wesen getötet, nämlich seinen wunderbaren Hirsch, der ein goldenes Geweih hatte und auf dem er zu reiten pflegte. Eines Mittags, als das Tier im Schatten lag, hielt der Knabe es für ein gewöhnliches Wild, warf seinen Speer danach und traf den Hirsch tödlich. Nun wollte er seinerseits sterben und war so untröstlich, daß Apollon ihm nicht anders zu helfen wußte, als daß er ihn in einen trauernden Baum, die Zypresse, verwandelte.

Dionysos

Dionysos ist ein Sohn des Zeus. Empfangen wurde er, nach der älteren Überlieferung, von Semele, einer der Töchter des Königs Kadmos von Theben, also von einer Sterblichen. Im sechsten Monat ihrer Schwangerschaft wurde Semele von der eifersüchtigen Hera zum Wunsch verführt, Zeus möge sich ihr in seiner unverhüllten Gestalt als Gott des Donners und des Blitzes offenbaren. Zeus, durch ein zuvor gegebenes Versprechen gebunden, erfüllte diesen todbringenden Wunsch, und Semele mit ihrem ganzen Haus verbrannte, vom Blitz entzündet. Zeus ließ jedoch die Frucht ihrer Liebe nicht im Schoße der Geliebten verbrennen, sondern umgab den Ungeborenen mit kühlenden Efeuzweigen, riß ihn aus dem verbrennenden Leib der Mutter heraus und nähte ihn sich in seinen Schenkel ein. Nach drei Monaten «gebar» er den Sohn der Semele aus sich heraus: Der Dionysos-Knabe, in seiner ersten Geburt dem göttlichen Blitzstrahl entronnen, aber zugleich der menschlichen Mutter beraubt, erfuhr seine zweite Geburt, ein «Zweimal-Geborener», Gottes- und Menschensohn, der schon *vor* seiner Geburt Tod und Leben erfahren hatte.

Aufgezogen wird er von Ino, einer Schwester seiner Mutter, die ihn als Amme nährt, ebenso auch von göttlichen Nymphen, in deren Obhut er durch seinen ihm wesensverwandten Halbbruder Hermes gebracht worden ist.

Semele wird später von Dionysos aus der Unterwelt heraufgeführt und zur Göttin erhoben werden, die kultische Verehrung genießt; Ino wird bezeichnenderweise zu einer Meeresgöttin.

Gemäß einer anderen, späteren Überlieferung ist Dionysos ein Sohn des Zeus und der Persephone. Zeus hatte mit

Demeter Persephone gezeugt. In Gestalt einer Schlange nähert er sich später seiner Tochter Persephone und erzeugt mit ihr den Dionysos, der in dieser Überlieferung den Beinamen «Zagreus», das heißt: der große Jäger, führt. Dionysos Zagreus wird als Knabe von seinem Vater Zeus auf den Thron gesetzt und mit großer Macht ausgestattet, was die eifersüchtige Hera jedoch nicht daran hindert, den Zagreus durch die Titanen töten zu lassen: diese umschmeicheln den Knaben mit Spielzeug, darunter einem Spiegel, und während er sich darin betrachtet, wird er von den Titanen vom Thron gestoßen, sodann zerstückelt, gekocht, gebraten und schließlich gegessen.

Zeus läßt aus den zerstückelten Gliedmaßen den Dionysos neu erstehen und verbrennt mit seinem Blitzstrahl die Titanen; aus dem aufsteigenden Ruß dieser Götterverbrennung entstehen die Menschen.

Dionysos ist nicht nur der Zweimal-Geborene, sondern er ist in jeder Hinsicht der «Zwei-Gestaltige». Als Gott des Weines und des Rausches ist er der Freudenbringer, Tröster, Entzücker. Zugleich aber bringt er die Raserei, den Wahnsinn, den Tod. Die mit ihm in den Bergen schwärmenden Nymphen – und die sie nachahmenden menschlichen Frauen – sind als Mänaden, Bacchantinnen oder Thyiaden einerseits von großer Liebe und Friedfertigkeit erfüllt: sie nehmen sich junger Tiere an und säugen sie an ihren Brüsten, sie lassen mit ihren Thyrsos-Stäben Wasser aus den Felsen entspringen, schöpfen Milch und Honig aus den Flüssen und lassen Weinquellen aus der Erde hervorsprudeln. Sie können aber auch wilde Tiere mit den bloßen Händen zerreißen und mächtige Bäume entwurzeln; sie sind von Feuer umgeben, das sie nicht brennt, und mit Schlangen umgürtet oder bekränzt, die ihnen den Schweiß von den Wangen lecken. Und nicht nur die Tiere werden von den Mänaden sowohl gesäugt als auch zerrissen, sondern von mehreren Frauen wird berichtet, daß sie sogar ihre eigenen Söhne im dionysischen Taumel abgeschlachtet haben. Die Mänaden, seien sie nun göttliche Nymphen oder menschliche Frauen, sind nicht zu zähmen und nicht zu halten: wenn sie von ihren Verfolgern gefesselt und eingekerkert werden, so fallen die Fesseln von ihnen ab, und die Türen der Kerker springen vor ihnen auf.

Die Unbezähmbarkeit, Ungreifbarkeit und das untrennbare Ineinander von Leben und Tod, Liebe und Grausamkeit, gehören zum Wesen des Gottes Dionysos selbst. Er ist nicht nur der langlockige Jüngling mit dem verzaubernden Lächeln, nicht nur das neugeborene unschuldige Kind oder der bärtige Mann im langen Gewande: er liebt es auch, in Tiergestalt aufzutreten, sei es als Stier, als Bock, als Schlange, als Löwe oder als Panther. Selbst als Baum, als Wald, als Feuer oder als junges Mädchen vermag er zu erscheinen: sein Wesen ist ohne Begrenzung. Er ist bald von ungeheurem Getöse, bald von Totenstille umgeben. Er ist Tänzer und Musikant, der mit seinem Gefolge im Triumphzug bis nach Indien zieht, und ist zu gleicher Zeit der Verspottete und Verfolgte, der immer wieder die Flucht ergreifen muß oder getötet und zerrissen wird.

Immer sind seine Verfolger Männer, immer findet er Zuflucht bei Frauen: sei es bei den Musen, sei es bei der Meeresgöttin Thetis, zu der er sich durch einen Sprung ins Meer rettet. Er ist nicht ein Held und Kämpfer, sondern vielmehr ein Bezauberer. Harter Männlichkeit weicht er aus, während er in der Weiblichkeit – sei es in der der Frauen, sei es in der eigenen – Geborgenheit findet.

Die Feste des Dionysos waren an vielen Orten zugleich Totenfeste, und er selbst war nicht in Gestalt einer möglichst lebensnahen Statue, sondern als an einer Säule aufgehängte *Maske* gegenwärtig. Gleichwohl fehlt an keinem seiner Feste der hölzerne bekränzte Phallus, und in Athen vollzog der Gott während der Anthesterien die Heilige Hochzeit mit der «Königin», das heißt mit der Frau des höchsten Würdenträgers. Dionysos konnte selbst «der Phallische» genannt werden, und er zeugte mit Aphrodite den phallischen Gott Priapos.

Er ist jedoch so wenig ein Lüstling, wie er ein Säufer ist. Rausch und Ekstase sind *Ausdruck* der einen Seite seines Wesens, nicht dessen Ziel. Leben *und* Tod, Zeugung *und* Vernichtung, Taumel *und* Erstarrung: das ist immer beides um ihn. Die isolierte Sexualität ist in seiner Umgebung (in der es nur selten Männer gibt) von jenen halb menschlichen halb tierischen, aber betont männlichen Wesen vertreten, deren aufdringliche Geilheit im Widerspruch steht zu den mystischen Entzückungen der Mänaden. Diese «Satyrn» konnten auch von maskierten menschlichen Männern imitiert werden, ebenso wie die göttlichen Mänaden von Frauen.

Dionysos selbst ist ein Liebender, nicht ein Erotomane. Zwar würde Monogamie so wenig zu seinem Wesen passen wie Nüchternheit, und sicher gehört der bare Orgasmus so unverzichtbar zu seiner Ekstase wie die Berauschung am Wein: aber er ist kein fröhlicher Schürzenjäger oder genießerischer Verführer. Vielmehr besitzt Dionysos eine geliebte Gattin, mit der er so innig verbunden ist, daß Eifersucht keinen Platz zwischen ihnen hat: es ist Ariadne, eine Sterbliche, die Tochter des Minos von Kreta. Sie ist von aphroditischer Schönheit und trägt, als Geschenk ihres ehemaligen Geliebten Theseus, die Krone der Amphitrite, die jener ihr aus der Meerestiefe emporgeholt hat. Sie ist Tänzerin und Musikantin und wird als die «Königin» der Mänaden gefeiert. Schließlich wird ihr die gleiche höchste Ehrung zuteil wie der menschlichen Mutter des Dionysos: sie wird von Zeus mit ewiger Jugend und Unsterblichkeit ausgezeichnet, also zur Göttin erhoben. Mit Dionysos zusammen fährt sie in goldenem Wagen gen Himmel oder wird, zusammen mit ihm, auf einem Berggipfel verklärt.

Der liebende Gott wird zum grausamen nur dann, wenn

seine Macht nicht anerkannt und die von ihm geforderte Gefolgschaft nicht geleistet wird. Da viele Menschen sich vor dem Wahnsinn, der zu seiner Welt gehört, ängstigen, erlitten viele seine grausame Strafe.

Vergleichsweise milde erwies er sich jedoch gegen jene einfältigen Seeräuber, die in ihm aufgrund seines herrlichen Aussehens einen Königssohn vermuteten und ihn zu Schiff entführten, um sich später ein Lösegeld zu erpressen. Die Fesseln, die sie ihm anlegten, fielen jedoch von ihm ab, und nun erkannte der Steuermann, daß dieser Jüngling ein Gott sein müsse, und warnte seine Kumpane, nicht mit ihm aufs Meer hinauszufahren. – Die Räuber überhörten die Warnung und stachen in See. Bald darauf jedoch begann ihr Schiff, Wein zu verströmen, aus dem Mast wuchs ein Weinstock, und der schöne Jüngling verwandelte sich in einen Löwen. Die Piraten, die daraufhin vor Angst ins Meer sprangen, wurden von Dionysos in Delphine verwandelt, die das Schiff umspielten. Den Steuermann aber verschonte er.

III Zwei Kulturen – zwei Wirklichkeiten

Als der englische Physiker und Romancier C. P. Snow 1959 in Cambridge einen Vortrag unter dem Titel: «The Two Cultures» hielt, löste er – zu seinem eigenen Erstaunen – eine weltweite Diskussion aus, die bis heute nicht zu einem Ende gekommen ist. 1987 erschien in Deutschland ein Buch, in dem außer Snows Vortrag zwölf Diskussionsbeiträge aus dem angloamerikanischen und deutschen Sprachraum enthalten sind.

Mit den Vertretern der einander fremd gewordenen, ja sich gegenseitig ignorierenden oder gar verachtenden «Kulturen» meinte Snow die Naturwissenschaftler auf der einen und die «literarisch Gebildeten» auf der anderen Seite. In der Diskussion wurde vorgeschlagen, im Deutschen statt vom «literarisch Gebildeten» lieber von «Literaten» oder von «Geisteswissenschaftlern» zu sprechen oder auch die «Zwei Kulturen» als «literarische und naturwissenschaftliche Intelligenz» zu bezeichnen. (So der Untertitel des von Helmut Kreuzer herausgegebenen oben genannten Buches.)

Ich will hier nicht im einzelnen auf die Vorwürfe eingehen, die C. P. Snow an die Adresse der «literarisch Gebildeten» (oder an die Vertreter der «traditionellen Kultur») richtet, und will mich auch mit seinen bedenkenswerten sozialpolitischen Folgerungen nicht auseinandersetzen.

Wichtig ist mir nur sein Grundgedanke und das ungewöhnlich intensive wie extensive Echo, das dieser Gedanke in den vergangenen dreißig Jahren gefunden hat: unsere Kultur sei gespalten in die Vertreter der naturwissenschaftlich-technischen Welt, die, nach Snow, «die Zukunft im Blut» haben, und in die Vertreter der traditionellen, literarischen Kultur, die es in sträflicher Weise versäumen, auch nur die grundsätzlichsten Resultate der anderen Kultur zur Kenntnis zu nehmen und die durch ihre hochmütig-traditionalistische Ignoranz geradezu zukunftsfeindlich seien.

In einem «Nachtrag» von 1963 hat Snow seine Thesen differenziert und sich gegen den Vorwurf der Schwarzweißmalerlei erfolgreich gewehrt, und selbstverständlich hat er – wie vermutlich nahezu alle Teilnehmer an der öffentlichen Diskussion – ein kooperatives Miteinander der beiden Kulturen als das erstrebenswerte Ziel, dem sein Vortrag dienen sollte, herausgestrichen.

Das Auseinanderfallen der neuzeitlichen Kultur in zwei Bereiche oder die Aufspaltung der Intelligenz in ein «literarisches» und ein «naturwissenschaftliches» Lager ist die Folge von zwei entgegengesetzten Wahrnehmungen der Wirklichkeit.

Für den introvertiert erlebenden Menschen bleibt die Innenwelt, oder «das Seelische» oder das «Literarische», das eigentliche Faszinosum, auch wenn er intellektuell selbstverständlich bereit ist, die objektive Bedeutung der Außenwelt und seine Abhängigkeit von ihrer Beherrschung durch die Technik anzuerkennen. Je differenzierter die naturwissenschaftlichen Einsichten in die Gesetzmäßigkeiten der Außenwelt jedoch werden, desto geringer wird seine Neigung, diese Einsichten zur Kenntnis zu nehmen: vielleicht aus Trägheit oder Hochmut (wie C. P. Snow meint), eher aber wohl aus einer trotzigen Angst. Denn für den Introvertierten ist die sich immer mehr beschleunigende Zunahme von beweisbaren und brauchbaren Erkenntnissen über die Beschaffenheit der Außenwelt angsterregend, und zwar deswegen, weil er diesen harten, weltverändernden und weltbeherrschenden Fakten aus dem Vorrat *seiner* Wirklichkeit nichts Vergleichbares gegenüberstellen kann.

Seine Wirklichkeit ist eine unbeweisbare, stille, private Wirklichkeit, die in der Tat vielmehr mit der Bewahrung des Erworbenen als mit der Planung von Neuem zu tun hat.

Zwar ist der Introvertierte fraglos überzeugt von dem höheren Wirklichkeitsgehalt und damit der größeren Bedeutung der Innenwelt – aber er sieht ja gleichwohl die Veränderung der äußeren Welt deutlich genug, um die von ihr ausgehende Bedrohung des außen und innen Gewachsenen zu erkennen.

Rainer Maria Rilke hat 1922 – in einem seiner «Sonette an Orpheus» – sowohl diese Bedrohung als auch die Gegenbewegung gegen sie gestaltet. «Die Maschine» steht hier nicht nur für die Technik, sondern für das naturwissenschaftlich-technische Weltbild im Ganzen.

Alles Erworbene bedroht die Maschine, solange
sie sich erdreistet, im Geist, statt im Gehorchen, zu sein.
Daß nicht der herrlichen Hand schöneres Zögern mehr prange,
zu dem entschlossenern Bau schneidet sie steifer den Stein.

Nirgends bleibt sie zurück, daß wir ihr *ein* Mal entrönnen
und sie in stiller Fabrik ölend sich selber gehört.
Sie ist das Leben, – sie meint es am besten zu können,
die mit dem gleichen Entschluß ordnet und schafft und zerstört.

Aber noch ist uns das Dasein verzaubert; an hundert
Stellen ist es noch Ursprung. Ein Spielen von reinen
Kräften, die keiner berührt, der nicht kniet und bewundert.

Worte gehen noch zart am Unsäglichen aus …
Und die Musik, immer neu, aus den bebendsten Steinen,
baut im unbrauchbaren Raum ihr vergöttlichtes Haus.

(Sonette an Orpheus II,X)

«Die Maschine» wird hier nicht von einem Maschinenstürmer schlechthin verurteilt, sondern lediglich ihre (das heißt: der naturwissenschaftlichen Kultur) Hybris. Sie sollte «im Gehorchen», also in der Nutzanwendung, und nicht «im Geist» sein, also nicht die gesamte Auffassung der Wirklichkeit beherrschen.

Aber sie beansprucht, «das Leben» zu sein, und «sie meint es am besten zu können», obgleich sie doch «mit dem gleichen Entschluß» Konstruktives und Destruktives hervorbringt.

In den beiden Terzinen folgt dann die Beschwörung der Gegenwelt: «verzaubert», «Ursprung», «Spielen», «reine Kräfte», «knien und bewundern», das «Unsägliche» und schließlich das «vergöttlichte Haus», das die Musik «im unbrauchbaren Raum» baut.

Der «unbrauchbare Raum» ist der, der physikalisch nicht ausmeßbar ist, es ist «der reine Raum», «in den die Blumen unendlich aufgehen» (so in der 8. Duineser Elegie), es ist, auch dieses Wort stammt von Rilke, der «Weltinnenraum».

«Die Maschine» bedroht alles Erworbene dadurch, daß die naturwissenschaftliche Sicht der Wirklichkeit die Welt nicht nur «entzaubert», sondern sie auch dermaßen überformt, daß sie aufhört, noch ein Bild für die Innenwelt sein zu können. «Mehr als je / fallen die Dinge dahin, die erlebbaren, denn, / was sie verdrängend ersetzt, ist ein Tun ohne Bild.» (9. Duineser Elegie). «Und immer geringer / schwindet das Außen. Wo einmal ein dauerndes Haus war, / schlägt sich erdachtes Gebild vor, quer, zu Erdenklichem / völlig gehörig, als ständ es noch ganz im Gehirne.» (7. Duineser Elegie).

Das ist nicht etwa nur eine Kritik an moderner Architektur, sondern es ist die ängstliche Klage eines introvertierten Vertreters der «literarischen Intelligenz», der das psycho-ökologische Gleichgewicht zwischen Außenwelt und Welt-Innenraum bedroht sieht, und der deswegen sagt: «Nirgends, Geliebte, wird Welt sein, als innen.» Etwas später aber heißt es (ebenfalls in der siebenten Elegie):

«*Uns* soll / dies nicht verwirren; es stärke in uns die Bewahrung / der noch erkannten Gestalt.»

Dieses geradezu trotzige «Bewahren» ist es, was einer adäquaten Beschäftigung der literarischen Intelligenz mit den Resultaten der naturwissenschaftlichen Kultur im Wege steht. Ich finde das verständlich. Fast verständlich ist mir die Gegenseite.

Wenn ich mir – in dieser Hinsicht auch weiterhin ein stark vergröberndes Pauschalurteil aufrecht erhaltend – die Vertreter der naturwissenschaftlichen Kultur als rein Extravertierte vorstelle, dann *können* sie die introvertierten Literaten gar nicht verstehen. Daß der «Weltinnenraum» ein «unbrauchbarer» Raum sei, das gilt für sie nicht im mythischen Sinne Rilkes, sondern im utilitaristischen Sinne ihrer naturwissenschaftlich-technischen Weltsicht: ein unbrauchbarer Raum ist ein unnützer Raum, der allenfalls eine «Luxusfunktion» für die «Freizeit» erfüllen kann. Es geht aber primär ums Überleben, und dafür müssen wir Räume und Kräfte nützen.

Ich zitiere aus dem erwähnten Sammelband zu Snows «Die zwei Kulturen» aus dem Beitrag von Karl Steinbuch:

«Für die Zukunft ist wohl folgendes zu bedenken: Voraussetzung der literarischen Kultur ist die Erhaltung der physischen Existenz und eines minimalen Wohlstandes der Gesellschaft. Wo die Eigenwilligkeit der literarischen Kultur die Existenzfähigkeit der Gesellschaft bedroht, bedroht sie auch ihre eigene Existenz, ja wahrscheinlich *in erster Linie* ihre eigene Existenz. In einer unterentwickelten, nicht konkurrenzfähigen Gesellschaft werden Angehörige der wissenschaftlich-technischen Intelligenz sich behaupten können, während die Angehörigen der literarischen Intelligenz in ihrer Luxusfunktion es viel schwerer haben.

Andrerseits ist zu bedenken, daß in zukünftigen Gesellschaften, deren technische Qualifikation hierzu ausreicht, die Freizeit immer größeren Raum einnehmen wird und deshalb der Bedarf an menschlichem Erfülltsein, an menschlichen Erlebnissen immer größer wird und die literarische Kultur somit eine große Bedeutung haben wird» (a. a. O.: p. 227).

Obgleich mir die Herleitung eines immer größeren Bedarfs an menschlichem Erfülltsein und menschlichen Erlebnissen aus immer mehr Freizeit zu schaffen macht, und obgleich ich mich durch die Haltung, die in dem ersten der beiden Absätze zum Ausdruck kommt, potentiell einigermaßen bedroht fühle, verstehe ich, wenigstens mit meiner wissenschaftlichen Intelligenz, doch, was Steinbuch meint: Die Wirklichkeit ist das, was man technisch manipulieren kann und muß – alles andere dient dem Erfülltsein in der Freizeit. Ich gebe zu, daß ich ein ziemlich krasses Beispiel von naturwissenschaftlicher Intelligenz ausgewählt habe und daß nur schon in dem einen Buch, aus dem ich zitiere, sehr viel subtilere Darstellungen des extravertierten Wirklichkeitsverständnisses enthalten sind; aber schließlich stellt auch Rilkes Dichtung ein krasses Beispiel für die «Luxusfunktion» der introvertierten Literaten dar.

Meine Reduktion der beiden einander so fremd gegenüberstehenden Kulturen auf eine extra- und eine introvertierte Erfahrung der Wirklichkeit und damit, wie ich im ersten Kapitel ausgeführt habe, auf verschiedene Einstellungen des Bewußtseins gegenüber dem Unbewußten, ist selbstverständlich nicht die einzige mögliche Hypothese zur Erklärung jenes fundamentalen Zwiespaltes.

Innerhalb der wissenschaftlichen Kultur ist dem traditionellen Selbstverständnis der Wissenschaftler in den letzten Jahren ein Widerspruch erwachsen, der sich zwar häufig auch psychologischer Argumente bedient, der aber den Wissenschaftlern etwas noch Grundsätzlicheres vor Augen hält als ihre einseitige Extravertiertheit, nämlich: ihr Geschlecht.

«Liebe, Macht und Erkenntnis» (mit dem Untertitel «Männliche oder weibliche Wissenschaft?») heißt ein Buch von Evelyn Fox Keller (1986), einer Biologin und Physikerin, die am MIT (Massachusetts Institute of Technology) lehrt. Sie untersucht darin die «Geschlechtsspezifik» der Wissenschaft und weist nach, wie sich «die Zuschreibung von Männlichkeit an das Wesen des wissenschaftlichen Denkens» (p. 84) in der abendländischen Geschichte allmählich institutionalisiert hat. Die (männlichen) Wissenschaftler hätten auch die Objektivität zu einer (den Frauen fehlenden) männlichen Tugend erklärt und behaupteten zu Unrecht, in ihrer wissenschaftlichen Tätigkeit gegenüber psychischen, sozialen und politischen Kräften autonom zu sein.

«Nachdem die Wissenschaftsideologie die Welt in zwei Teile geteilt hat – den Wissenden (den Geist) und das Wissbare (die Natur) –, schreibt sie nun weiterhin die sehr spezifische Beziehung zwischen den beiden vor... Die spezielle Beziehung zwischen dem Wissenden und dem Gewußten beruht auf Distanz und Trennung... in diesem Prozeß ist signifikant, daß sowohl der wissenschaftliche Verstand als auch die Weise, wie er zur Erkenntnis gelangt, als männlich charakterisiert ist. Männlich bedeutet hier, wie so oft, Autonomie, Trennung und Distanz. Es bedeutet die radikale Ablehnung jeder Vermischung von Subjekt und Objekt, die, wie jetzt klar wird, durchgängig als männlich und weiblich identifiziert werden» (S. 84 f.). Die Naturwissenschaftlerin betont jedoch in ihrem «Epilog»: «Meine Vorstellung von einer von geschlechtsspezifischer Prägung befreiten Wissenschaft ist *nicht* eine Nebeneinanderstellung oder gegenseitige Ergänzung von männlichen und weiblichen Sichtweisen, noch will sie eine Art von Engstirnigkeit durch eine andere ersetzen. Sie basiert vielmehr auf einer Umformulierung der Kategorien des Männlichen und Weiblichen und dementsprechend von Geist und Natur» (p. 190).

Der letzte Absatz des faszinierenden Buches lautet: «Die Geschichte der Wissenschaft zu kennen, heißt die Endlichkeit jedes Strebens nach universeller Wahrheit anzuerkennen. Jede bisherige Vorstellung von wissenschaftlicher Wahrheit, jedes Modell von Naturphänomenen hat im Laufe der Zeit bewiesen, daß sie beschränkter sind, als es der Anspruch war, den ihre Anhänger erhoben haben. Das Fortbestehen von produktiven Differenzen in der Wissenschaft erfordert, daß wir alle Ansprüche auf intellektuelle Hegemonie an die richtige Stelle rücken und daß wir verstehen, daß solche Ansprüche ihrem Wesen nach politisch, und keineswegs wissenschaftlich sind» (p. 191).

Das sind Gedankengänge, die bei der «literarischen Intelligenz» weit eher Anklang finden dürften als bei der naturwissenschaftlichen, weil die «Geisteswissenschaftler» dem Unterfangen einer «Neuformulierung der Kategorien des Männlichen und Weiblichen» aufgrund ihrer anderen Wirklichkeitserfahrung weniger ängstlich gegenüberstehen. Wo es gar nicht darum geht, die einzig gültige äußere Wirklichkeit zu beherrschen, sondern wo die Korrespondenz zwischen innerer Welt und Außenwelt als Wirklichkeit erfahren wird, da ist es nicht erforderlich, das handelnde Subjekt als «männlich» von dem zu bewältigenden Objekt als «weiblich» abzugrenzen.

Wie aber könnte eine «Neuformulierung der Kategorien des Männlichen und Weiblichen» gedacht werden? Wie sollte es möglich sein, die herkömmlichen Assoziationen zu den Begriffen «männlich» und «weiblich» so zu modifizieren, daß diese Begriffe wertfrei und unpolitisch werden? Wie kann, mit anderen Worten, ein «Sexismus» überwunden werden, der offenbar so tief verwurzelt ist, daß er einen selbst dann schon erwischt, wenn man überhaupt von Unterschieden der Geschlechter spricht?

Ich muß nochmals aus der feministischen Literatur zitieren. In ihrem Aufsatz «Das Bild der Frau in der Philosophie und die Reflexion von Frauen auf die Philosophie» (in: «Wie männlich ist die Wissenschaft?», hg. von Karin Hansen und Helga Nowotny) schreibt Cornelia Klingler:

«Philosophie in ihrer traditionellen und gegenwärtigen Gestalt ist so durchgängig von Männern bestimmt, so gänzlich Resultat geschlechtsspezifischer Produktion, daß es weder möglich noch auch nur erstrebenswert sein kann, diesen Sachverhalt zu verändern auf dem Wege der Integration von Frauen in dieser Art des philosophischen Geschäfts oder durch Addition sogenannter Frauenthemen zum philosophischen Diskurs. Wenn sich wirklich etwas verändern soll, dann – so scheint es – muß sich alles verändern; noch ist allerdings fraglich, wie wahrscheinlich das ist» (p. 76).

Ich stimme der Ansicht, daß sich im Hinblick auf die geschlechtsspezifische Aufteilung der Welt – nicht nur der Philosophie! – «alles verändern muß», zu, und ich halte die «Neuformulierung der Kategorien des Männlichen und des Weiblichen» für einen wichtigen Schritt zu dieser radikalen Änderung.

Daß die Kategorien des Männlichen und des Weiblichen bisher von Männern definiert waren und daß wir infolgedessen in einem alle Bereiche des Lebens prägenden «androzentrischen» Weltbild leben, ist inzwischen ebenso anerkannt wie die sich daraus ableitende Forderung, nach einem «anthropozentrischen» Weltbild zu suchen. (Die Position jener Feministinnen, die nach einem «gynäkozentrischen» oder gar «gynäkokratischen» Gegenentwurf trachten, ist inzwischen sehr peripher geworden.)

Ich bin jedoch überzeugt, daß es der Annäherung an ein menschenzentriertes Weltbild förderlich wäre, wenn wir uns entschließen könnten, bei der Neuformulierung der beiden polaren Kategorien oder Prinzipien auf die Adjektive «männlich» und «weiblich» zu verzichten. Ich will dadurch nicht etwa von der Tatsache ablenken, daß es Männer waren, die eine androzentrische und androkratische Kultur und Gesellschaft aufgebaut haben, und ich will noch weniger die Tatsache leugnen, daß das auf Kosten und zum Nachteil der Frauen geschah – aber ich möchte vorschlagen, die Diskussion über die Zwiespältigkeit der Kultur einmal von dem Dualismus der Geschlechter abzulösen und sich auf jenen Bruch zu konzentrieren, der bereits die von Männern gemachte Kultur in jene beiden entgegengesetzten Lager trennt, auf die C. P. Snow mit so viel Resonanz hingewiesen hat.

Die Existenz von zwei divergierenden Arten von «Intelligenz» innerhalb der einen männlichen Kultur scheint doch darauf hinzuweisen, daß bereits innerhalb der Kategorie des Männlichen selbst eine Zwiespältigkeit besteht, die, wenn die aus ihr resultierende Spannung nicht fruchtbar gemacht werden kann, in einen verfeindeten Dualismus auseinanderbricht.

Die Benennung dieser beiden Pole als «naturwissenschaftlich» und «literarisch» bleibt an der Oberfläche, weil sie lediglich die Hauptbetätigungsfelder dieser beiden Kategorien von männlicher Intelligenz als Kriterium wählt; ich bin der Meinung, daß der Hinweis auf zwei entgegengesetzte Formen der Wirklichkeitserfahrung näher an den zugrundeliegenden Unterschied heranführt.

Nun ist es im Sprachgebrauch der Tiefenpsychologie üblich, jene Einstellung des Bewußtseins, die zur introvertierten Offenheit für das Unbewußte befähigt ist, als «matriarchales Bewußtsein» und das Unbewußte selbst sogar als «weiblich» zu bezeichnen. Ich habe (in meinem Buch «Männersache. Kritischer Beifall für den Feminismus.» 1984) versucht, diese Terminologie dadurch vor Mißverständnissen zu bewahren, daß ich die beiden *Prinzipien* «männlich» und «weiblich» von den beiden biologischen Wesen «Mann» und «Frau» deutlich abzugrenzen versuchte und zugleich darlegte, wie im Verständnis der Jungschen Psychologie beide Geschlechter an beiden Prinzipien Anteil haben.

Es hat aber den Anschein – und ist auch durchaus verständlich –, daß es nicht möglich ist, die biologischen Assoziationen von den Wörtern «männlich» und «weiblich» fernzuhalten.

Darum werde ich es auch jetzt vermeiden, bei der Diskussion der beiden entgegengesetzten Prinzipien innerhalb der männlichen Kultur von «männlich» und «weiblich» zu sprechen. (Dennoch wäre, das muß ich mir wenigstens in Klammern zu sagen gestatten, die Kennzeichnung der literarischen Intelligenz als «dem weiblichen Prinzip zugeneigt» gar nicht so übel – wenn ich nicht das Mißverständnis befürchten müßte, daß ich damit auf eine größere Zuneigung der Literaten zum weiblichen Geschlecht anspielen wollte.)

Es würde sich lohnen, über diese terminologischen Schwierigkeiten weiter nachzudenken. Es ist ja kein Zufall, daß uns wertfreie Bezeichnungen der beiden Grundprinzipien (wie sie, wenn ich es richtig verstehe, in den chinesischen Begriffen «yin» und «yang» vorliegen) nicht zu Gebote stehen. Unser Weltbild scheint dermaßen geschlechtsspezifisch verseucht zu sein, daß auch das Angebot ganz anderer, scheinbar neutraler Begriffspaare, wie: hell-dunkel; hart-weich; Himmel-Erde; Tag-Nacht; Verstand-Gefühl; Bewußtsein–Unbewußtes etc. den Beigeschmack von Wertung nicht vermeiden kann, und zwar einer Wertung zugunsten der Männer, die Himmel, Tag, Helligkeit, Härte, Verstand und Bewußtsein zu gleicher Zeit als das Wertvollere und als das Männliche für sich in Anspruch nehmen.

Dabei werden auch die dümmsten Männer nicht behaupten wollen, daß das Gefühl, die Nacht oder die Erde sie nichts angingen; und was das Unbewußte betrifft, so werden sie ihren Anteil daran nicht verneinen – es sei denn, sie würden dessen Existenz überhaupt in Abrede stellen.

Die intelligenten Männer aber haben sich die Welt den beiden Prinzipien gemäß geteilt: wir Naturwissenschaftler erforschen und beherrschen mit unserem Verstand die wirkliche Welt des hellen Tages und übernehmen die Verantwortung für das, was wichtig ist – ihr Literaten dürft nächtlichen Träumereien nachhängen und mit eurem Gefühl menschliches Erfülltsein in der Freizeit erschaffen. (Natürlich könnte man das Gefälle der Überheblichkeit auch umdrehen.)

Aber nochmals: mein Hinweis auf die Spaltung innerhalb der männlichen Kultur will nur das kleinere von beiden Übeln in den Blick fassen; das größere ist zweifellos die Spaltung der Menschheit in einen kulturschaffenden männlichen und einen angeblich naturverhafteten weiblichen Teil.

Ich denke, daß Männer zunächst vor ihrer eigenen Tür kehren und sich mit dem Antagonismus in ihrer männlichen Kultur auseinandersetzen sollten; sie dienen damit der Vorarbeit für eine menschliche Kultur sicher besser, als wenn sie immer noch meinen, den Frauen die von ihnen so unerwünschte Hilfe leisten zu sollen.

Ich will darum zu jenen beiden männlichen Gottheiten zurückkehren, deren hintergründige Anwesenheit dazu führt, daß wir im Vordergrund zwei Gesichter der Wirklichkeit zu erkennen meinen.

IV Apollon und Dionysos: Versuch einer Vergegenwärtigung

Es sind noch keine fünfzig Jahre vergangen, seitdem der evangelische Theologe Rudolf Bultmann Anstrengungen unternahm, das Neue Testament zu «entmythologisieren». Er war, mit seinen Schülern, der Überzeugung, daß dem «modernen», von der Naturwissenschaft geprägten Menschen der biblische Mythos nicht länger zuzumuten sei und daß die mythischen Elemente die Botschaft des Neuen Testamentes verdeckten.

Mythisches Weltbild und naturwissenschaftliches Wirklichkeitsverständnis schienen einander auszuschließen.

1985 erschien das große Werk von Kurt Hübner «Die Wahrheit des Mythos», in welchem es dem Verfasser gelingt, «den Mythos mit dem Anspruch der Realität zu versöhnen»[9] und gleichzeitig nachzuweisen, daß es wissenschaftstheoretisch unmöglich ist, «der Wissenschaft eine absolute Grundlage zu geben». Er fährt fort: «Mit dieser Einsicht ist ausgeschlossen worden, daß man sich deshalb der Wissenschaft weiterhin verpflichtet fühlt, weil sie im Besitz der alleinigen Wahrheit ist... Schließlich haben die Ergebnisse einer nunmehr beinahe zweihundert Jahre währenden Mythos-Forschung eine stille Revolution eingeleitet, weil sie, obgleich noch kaum beachtet, erschüttert haben, was uns vorher geradezu selbstverständlich schien, nämlich die Meinung, Mythen seien bloße Ausgeburten der Phantasie, zumindest von der Wissenschaft überholt und widerlegt»[10].

Daß diese Revolution «still» und «noch kaum beachtet» sei, trifft auf der philosophischen Ebene, auf der Hübner reflektiert, wohl zu, nicht aber auf der Ebene des alltäglichen öffentlichen Interesses. Während Kenntnisse vor allem der griechischen Mythologie bis vor kurzem ein Bestandteil humanistischer Bildung waren, sind mindestens die lateinischen Namen der griechischen Götter heute nahezu in aller Munde: auf dem Umweg über die Astrologie halten sie Einzug nicht nur in auflagestarke Astrologie-Bücher, sondern sogar in jede Boulevard-Zeitung. (Wie lebendig die Mythen in einer seriös betriebenen Astrologie tatsächlich gegenwärtig sein können, zeigt Ellynor Barz in ihrem Buch: Götter und Planeten[11].)

Aber es bedarf nicht einmal der Umwege: es besteht ein ganz direkter Hunger nach Mythen, oder wenigstens nach mythologischen Kenntnissen, wie das immer noch zunehmende Interesse an Büchern über Mythologien und Religionen aller Kulturkreise beweist.

Jedoch nicht nur Mythen sind neu gefragt. Auch Schamanen, Magier, Hexen und Wahrsagerinnen erfreuen sich wachsenden Zuspruchs, sei es direkt, sei es durch vermittelnde Literatur. Märchenerzählerinnen und -erzähler bilden einen neuen Berufsstand, von den Märchendeuterinnen und -deutern ganz zu schweigen. Neben wissenschaftlicher Forschung und volkstümlicher «Lebenshilfe» blühen aber auch schwüle oder betrügerische Gärten voller «Esoterik» und Magie; ein verwirrendes Nebeneinander von Banalem, Geheimnisvollem und Unheimlichem.

Nimmt man das ernsthafte und von immer mehr Menschen intensiv praktizierte Interesse an den verschiedenen Meditations- und Jogaformen hinzu, so findet man die schon vor dreißig Jahren berechtigte Vermutung bestätigt: Bultmanns Diagnose des wissenschaftlichen Weltbildes des «modernen» Menschen traf, wenn überhaupt, nur für wenige Jahrzehnte zu.

Die von der damaligen Theologie als Reinigung oder Befreiung der christlichen Verkündigung verstandene Eliminierung des Mythos erwies sich als intellektuelle Fehlspekulation: die «religionslose Verkündigung» (Bonhoeffer) holte die Menschen nicht in die Kirchen hinein, sondern bewirkte das Gegenteil: sie trieb sie hinaus in alle Gegenden der Erde, in denen die nach Religion Verlangenden noch religiöse Erfahrung zu finden hofften. Daß dabei zwischen Religion, Pseudoreligion, Religionsersatz, Magie, Esoterik und Schwindel oft nicht unterschieden werden kann, ist kaum verwunderlich.

Mitten in dieser verwirrenden Landschaft stehe ich nun mit meiner Überzeugung von der Wirklichkeit der Götter, mit meiner erstrebten Vergegenwärtigung von Apollon und Dionysos. Dabei weiß ich, daß der Versuch einer «Wiederbelebung» von Göttern ein Widerspruch in sich selbst ist: entweder sie leben, dann brauchen wir nichts hinzuzufügen, oder sie leben nicht, dann wäre ein solcher Versuch entweder hybrid oder naiv. (Mit ebensoviel sachlicher Schärfe wie Fairness hat das Susanne Heine kürzlich in ihrem Buche «Wiederbelebung der Göttinnen?»[12] in Bezug auf gewisse Bestrebungen innerhalb des Feminismus gezeigt).

Aber die griechischen Götter bedürfen keiner Wiederbelebung, sie sind gegenwärtig. Allerdings drängen sie uns ihre Anwesenheit nicht auf, sondern sie überlassen es uns, ob wir sie wahrnehmen oder nicht. Und nur dies: unsere Wahrnehmungsfähigkeit oder unsere Blindheit für die Wirklichkeit der Götter ist eine Folge unserer seelischen Struktur. Die Götter selbst existieren und wirken unabhängig von uns.

Verändert hat sich für uns der Schauplatz, auf dem eine Begegnung mit den Göttern möglich ist: während es für die Griechen keinen Ort, keine Zeit und kein Ereignis gab, die leer von göttlicher Gegenwart waren, haben wir die uns umgebende Welt so sehr versachlicht, daß wir die Götter fast nur noch *in* uns wahrzunehmen meinen, wodurch wir in die Versuchung geraten, sie zu Bestandteilen unserer Seele zu degradieren. Zwar enthält das allgemein-menschliche Unbewußte die Urbilder aller göttlichen Gestalten in sich, aber diese von Jung entdeckten Archetypen sind nicht identisch mit den Göttern, sie stellen lediglich die menschlichen Empfangsorgane oder Gefäße für das Göttliche dar.

Nun ist aber jede individuelle wie kollektive menschliche Entwicklung von Archetypen gesteuert, und hinter jedem Archetypus steht eine Gottheit. Darum muß auch die Entwicklung, die uns in das Vakuum zwischen der scheinbar von der Wissenschaft entgöttlichten Außenwelt und der nach den Göttern verlangenden Innenwelt getrieben hat, ein Werk von Göttern sein. Die göttlichen Kräfte, die diese Entwicklung bewirkt oder zugelassen haben, dürften vielfältig sein, mit vielen Namen und vielen Eigenschaften. Am deutlichsten aber scheinen sie mir unter den Gestalten von Apollon und Dionysos erkennbar zu sein.

Darum will ich, über die früher gegebenen referierenden Beschreibungen hinaus, jetzt versuchen, die beiden Götter zu vergegenwärtigen.

Apollon

Als «Vergegenwärtigung» bezeichne ich den folgenden Versuch, mich dem Wesen des Gottes Apollon dadurch anzunähern, daß ich denkend und fühlend seine Gestalt umkreise, so wie sie sich mir mit meinen gegenwärtigen Voraussetzungen,

Vorurteilen und Beschränkungen darstellt. Das Resultat dieses Versuches kann – gemessen an der zeitlosen Gültigkeit des Gottes – nur ein höchst unzulängliches sein. Anderen Arten der «Vergegenwärtigung», beispielsweise zu anderen Zeiten oder in anderen Zusammenhängen, dürften die gleichen Unzulänglichkeiten, aber auch die gleiche Berechtigung zukommen. Sich einem Gotte zu stellen heißt immer auch, sich zu sich selber zu bekennen.

Alle meine Aussagen über den Gott wollen also verstanden werden als *meine* Vermutungen, *meine* Betroffenheit, *meine* Antwort; ich schicke das voraus, um es nicht jedesmal neu formulieren zu müssen.

Das Wesen Apollons ist Bewußtheit. Und zwar nicht «das Bewußtsein» eines Individuums, sondern «die Bewußtheit» schlechthin.

Wir sind heute gewohnt, mit dem Begriff «das Bewußtsein» immer den Gegensatz, nämlich «das Unbewußte» sogleich mitzudenken. Das Bewußtsein ist für uns das Gewordene, das sich aus dem ursprünglichen Zustand des Unbewußten herausentwickelt (oder sogar: herausgearbeitet) hat. Das Bewußtsein verliert niemals seine Beziehung zum Unbewußten: es erlischt jeweils im Schlaf und gibt dabei dem Unbewußten wieder Raum, das in dieser Periode die Träume hervorbringt. Aber auch auf das wache Bewußtsein wirkt das Unbewußte sich aus: nicht nur in «Freudian slips» (Fehlleistungen) signalisiert es seine Existenz, sondern es schickt auch Phantasien, Ahnungen, Einfälle. Das Bewußtsein tut darum gut daran, sich auch absichtlich – also nicht nur im Schlaf – dem Unbewußten zuzuwenden, weil dieses eine überragende Macht darstellt. In der Sicht Freuds ist es (als das persönliche Unbewußte) bekanntlich eine vorwiegend bedrohliche Macht, die darum so weit als möglich aufgehoben, nämlich in das Bewußtsein überführt werden muß. Jung sah, wie man weiß, im «kollektiven» Unbewußten neben allem Bedrohlichen und Gefährlichen auch einen höchsten Wert: nämlich den «Mutterboden» alles Schöpferischen, aus dem heraus dem Menschen alles Menschliche, Göttliche und Dämonische zuwächst.

Ich werde auf diese unterschiedlichen Auffassungen des Unbewußten später zurückkommen. Hier genügt es festzustellen, daß in der Sicht der Tiefenpsychologie immer eine Wechselwirkung zwischen den beiden Polen Bewußtsein und Unbewußtes angenommen wird, so daß eines ohne das andere nicht gedacht werden kann.

Das ist bei der «Bewußtheit», für die Apollon mir einzustehen scheint, anders. Hier geht es um den Zustand möglichst klarer, uneingeschränkter Autonomie, die sich soweit als irgend möglich vom Unbewußten abgelöst hat. Bewußtheit ist bei Apollon ein höchster Wert um seiner selbst willen und nicht in einer wie auch immer gearteten Relation zum Unbewußten.

Dieses Wesen des Apollon, das wir, wenn wir seine Auswirkung auf den Menschen betrachten, als apollinisches Ideal bezeichnen können, erfordert vom Menschen vor allem eine Eigenschaft, die in Apollon selbst aufs deutlichste anschaubar ist: das ist Distanz. Sich fern halten, sich zurücknehmen, sich beherrschen, sich nicht ergreifen lassen, sich nicht in Verwicklungen begeben, sich nicht entzünden oder anstecken lassen – kurz: Distanz halten, das ist das Wesen der apollinischen Bewußtheit. Sich seiner selbst bewußt sein heißt in diesem Sinne: sich in seiner Autonomie, in seiner Selbstbestimmung niemals aufgeben, sich nicht ausliefern, sich nicht verlieren.

Und zwar können wir, wenn wir wieder auf Apollon schauen, auch sagen, in welchem Zusammenhang diese kühle und auf den ersten Blick sogar hochmütig erscheinende Distanz zu verstehen ist: sie entspringt bei Apollon nicht einem Hochmut – den er nicht nötig hat –, sondern seine Distanziertheit gehört zu seinem Wesen als *Phoibos*, das heißt: der Reine. Er ist ein Gott der Reinheit und – für die Menschen, die der «Unreinheit» so unablässig ausgesetzt sind – ein Gott der Reinigung. In diesem Sinne ist er auch Arzt, aber nicht in der Weise seines Sohnes Asklepios, der von dem weisen Chiron die Heilkunst erlernt hatte, um sich mit der Krankheit einlassen zu können, sondern Apollon ist Heiler kraft seiner Reinheit, die ihm ermöglicht, das unreine Kranke abzuwaschen. So bleibt er auch als der Heilende der Ferne: er steigt nicht hinab in den Abgrund, sondern er bewirkt die Wiederherstellung der Ordnung gleichsam von oben.

Es leuchtet ein, daß Ordnung und Maß zu seinem Wesen gehören. «Ordnung» darf dabei nicht mit kleinlicher «Ordentlichkeit» verwechselt werden – wir wissen ja, daß es durchaus Unordentlichkeiten bei ihm gab –, sondern Ordnung des Apollon ist kosmische Ordnung und, auf die Menschenwelt übertragen, die Ordnung des Daseins unter dem Gesetz der Götter.

Sein Wesen ist das «Maß des Abstands», das Ordnungen erkennt und schafft, indem es zurücktritt und die großen Zusammenhänge ins Auge faßt. Nur aus der Ferne ist Überblick möglich, nur die Distanz erschafft die Möglichkeit des bewußten, gezielten Handelns.

Darum ist er der unübertreffliche Bogenschütze, der gerade aus der Ferne sein Ziel trifft und vernichtet, der «Fernhintreffende».

Aber nicht nur den Bogen wolle er lieben, hatte der Neugeborene ausgerufen, sondern auch die Leier, das Saitenspiel. Und wirklich: er ist ja nicht nur der Meister des Bogens und der Pfeile, sondern auch der Spieler der bogenförmigen Leier, der Führer der Musen. Mit seiner Musik entzückt er die Götter, und selbst die Tiere der Wildnis werden von ihr bezaubert und Steine fügen sich unter seinen Klängen zu

Mauern. Auch in seinem Saitenspiel walten Ordnung, Klarheit, Gesetzmäßigkeit und Harmonie. Wohl ist die Musik Apollons «bezaubernd» und bewegt die Götter zum Reigen, die Tiere zur Ruhe und die Steine zur Ordnung. Aber alles Übermaß, alles Aufwühlende und Entfesselnde ist diesen Klängen fern. Sie sind im Ebenmaß bemessen und weisen letztlich auf die Musik der Sphären hin: Sternenmusik, Weltall-Klänge, tönende Proportionen der kosmischen Ordnung.

Dieses: der Hinweis auf die allem übergeordnete leitende und herrschende Macht, der Hinweis auf den Vater der Götter und Menschen, auf Zeus, ist auch das Ziel der von Apollon inspirierten Prophetie. Er wolle den Menschen «des Zeus untrüglichen Ratschluß künden», war ja von Anbeginn der Vorsatz des eben geborenen Gottes: also nicht *seine* Macht, nicht *sein* Gebot, nicht *seine* Vollkommenheit, sondern den «untrüglichen Ratschluß» des Höchsten, den er uneingeschränkt über sich anerkennt.

Dasselbe aber verlangt er von den Menschen. Die geheimnisvollen Orakelsprüche, die er in Delphi durch die Pythia, an anderen Orten durch andere Prophetinnen und Propheten den ratsuchenden Menschen zuteil werden ließ, bewirkten zweierlei: zum ersten erinnerten sie die Fragenden an das rechte Maß, nämlich an die Niedrigkeit der Menschen vor den Göttern, und waren also «zur Rüge der menschlichen Eitelkeit gegeben», wie es bei Plinius heißt; sodann forderten sie den Scharfsinn (wir sagen heute: die intellektuelle Anstrengung) des Ratsuchenden heraus, indem der «untrügliche Ratschluß» nicht als platte Information, sondern als verschlüsselte Botschaft gegeben wurde. Weder die Prophetin noch Apollon geben also eine direkte Antwort, sondern letztlich Zeus selber, dessen unerkennbares Geheimnis sich aber höchstens als andeutende und oft auch als mißverständliche Rätselantwort offenbart.

Apollon selbst besitzt nicht nur Bewußtheit, sondern, untrennbar verbunden damit: Erkenntnis. Während aber seine Erkenntnis, die er seinem Vater Zeus verdankt, eine allumfassende Erkenntnis ist, bleibt die Erkenntnis, die er dem Menschen zukommen läßt, auf das menschliche Maß beschränkt. Diese Beschränkung besteht in der Anerkennung der von den Göttern gesetzten Grenzen, innerhalb derer der Mensch auch seinerseits nach höchstmöglicher Erkenntnis streben, die er aber niemals zu überschreiten versuchen soll.

Wenn wir an dieser Stelle für einen Augenblick zurücktreten und das bisher gezeichnete Bild des Gottes betrachten, dann fällt es nicht schwer, ihn auch in dem Sinne zu «vergegenwärtigen», daß wir seine Manifestationen in der Gegenwart erkennen.

War nicht im ersten Kapitel schon vom «zielgerichteten Denken» und von der «extravertierten Wahrnehmung» die Rede? Ist uns die objektivierende Distanz nicht bestens bekannt als eine Voraussetzung aller Wissenschaft? Ist nicht «Bewußtheit» als ein absichtliches Wegsehen vom Unbewußten ein Ideal vieler unserer Zeitgenossen? Ist nicht Erkenntnis der Wirklichkeit und ihrer Gesetze, und zwar bis in die Gesetze des Kosmos hinein, eines unserer höchsten Ziele? Ist nicht das «Fernhintreffen» unseres Scharfsinnes wie unserer Geschosse ein hervorstechendes Merkmal unserer Weltlage? Und suchen wir nicht, wenn wir mit aller distanzierten Objektivität am Ende sind, neuerdings Rat bei allerlei futurologischen oder esoterischen Orakeln?

Was aber ist mit der Musik Apollons? Wo fände sich noch etwas von ihrer bezaubernden, ordnenden Kraft? Haben wir ein Äquivalent dafür? Wir wollen nicht vergessen, wieviel bezaubernde, wenn auch kühle Annehmlichkeiten wir der Wissenschaft verdanken, wie wohlgeordnet unsere «sozialen Netze» sind, wieviel «funktionelle» Schönheit die Technik – neben dem Gegenteil davon – auch hervorbringt, wie das

Wilde gezähmt und die toten Steine zu Mauern konstruiert werden.

Hier muß allerdings – gleichsam im Namen Apollons – eingewandt werden, daß dieser Gott gewiß nicht einen einseitigen Rationalismus, eine objektivistische kausal-mechanische Wissenschaft und eine riskante Zivilisation heraufführen wollte.

Nein, gewiß nicht. Das haben wir getan. Aber wir taten es – ob ausgesprochen oder nicht – in seinem Namen und sogar nach seinem Vorbild. Aber das Maß, daß er den Menschen gesetzt hat? Die Ehrfurcht vor dem höchsten Gott, die er selbst stets bewahrt und von den Menschen verlangt hat?

Hier liegt wahrscheinlich unser eigentliches Versagen, oder, mythisch gesprochen, unser Frevel zutage: wir haben vergessen, daß Apollon ein Gott ist, und haben aus dem lebendigen Gott ein Prinzip abgeleitet, das wir uns sodann zu eigen machen konnten. Die göttlichen Eigenschaften des Apollon, die bei ihm «wahr» und «richtig» sind, weil sie eingeordnet sind in eine Vielzahl von einander ergänzenden Göttern, degenerierten bei uns zu Zerrbildern der göttlichen Vielfalt, von denen wir selbst verzerrt wurden. Von dem isolierten «apollinischen» Prinzip aber, auf dessen Grundlage unser wissenschaftliches Weltbild erwuchs, ging keine Aufforderung nach Mäßigung und nach Selbstbeschränkung aus – im Gegenteil, es drängte solange nach Expansion, bis uns endlich aus Not, nicht aus Demut, die Grenzen des Wachstums erschreckend vor Augen traten. Die heutigen Appelle zum «Maßhalten» entspringen nicht mehr dem göttlichen Mund des Phoibos Apollon, sondern der Einsicht in die Verknappung der Energieträger.

Und an die Stelle des alles lenkenden Zeus, auf den Apollon als auf die übergeordnete Instanz hinwies, haben wir die Pseudo-Göttin Vernunft gesetzt, die von Sigmund Freud auch als «unser Gott Logos» apostrophiert wurde.

Die Orakelsprüche aber, die uns – wenn wir Glück haben – zuteil werden, scheinen gerade nicht auf diese beiden Pseudo-Götter hinzuweisen, sondern auf jenen anderen, verborgenen Gott, der sich der «Säkularisierung» noch immer entziehen konnte.

Aber treten wir wieder heran an das Bild des lebendigen Apollon. Wir hörten schon, daß er nicht immer maßvoll war, und wir dürfen vermuten, daß er die Ordnungen so sehr setzte und durchsetzte, weil er auch an ihrem Gegensatz teilhatte.

Das Urtümliche, Primitive war ihm offenbar so verhaßt, daß er, als erste Taten seines Lebens, den Riesen Tityos und die weibliche Riesenschlange Delphyne mit seinen Pfeilen umbrachte. Beide Ungeheuer haben zweifellos Beziehungen zur Sexualität, so daß wir dem knabenhaften Apollon wohl nicht zu Unrecht eine ursprüngliche Abneigung gegen die sexuelle Triebhaftigkeit unterstellen. Für diesen aktiven Widerwillen wird er jedoch, wie erzählt, von Zeus bestraft und ist erst nach geleisteter Sühne der «Reine». Dennoch ist ihm die Gabe des erotischen Anziehungsvermögens offenbar nie in hohem Maße zuteil geworden: seine vielen unglücklichen Liebschaften legen davon Zeugnis ab.

Von Zorn und Haß konnte Apollon in einem Maße beherrscht sein, das ebenfalls nicht zu einem nur strahlenden Bild des «Apollinischen» paßt. Daß er dem König Midas Eselsohren wachsen ließ, weil dieser das Flötenspiel Pans höher bewertete als sein Spiel auf der Leier, mag noch als göttlicher Scherz verstanden werden; aber gegenüber der Niobe legt Apollon maßlosen Haß an den Tag. Diese Tochter des Kadmos hatte sieben Söhne und sieben Töchter (nach anderen Überlieferungen waren es je sechs oder zehn), und sie war so hochmütig und töricht, sich deswegen über Apollons Mutter Leto zu stellen, die nur zwei Kinder geboren hatte. Daraufhin tötete Apollon sämtliche Söhne der Niobe mit seinen Pfeilen und ließ seine Schwester Artemis dasselbe mit den

Töchtern tun; Niobe aber wurde aus unstillbarem Gram zu einer Steinsäule, von der unablässig die Tränen herabflossen.

Der Gott der Ferne, des Abstands, des Maßes und der Klarheit ist nicht ein liebender Gott. Wohl kennt er das leidenschaftliche sexuelle Verlangen, aber dem gibt er sich anscheinend in ähnlicher Weise hin, wie er sich dem leidenschaftlichen Hasse überläßt.

Die Dynamik seines Wesens ist nicht auf Vereinigung, sondern auf Trennung gerichtet. Das fernhintreffende, zielgerichtete Denken will zerlegen (oder «analysieren»), nicht verbinden (oder «zur Synthese bringen»). Die distanzierende Erkenntnis will sich ablösen vom Objekt, nicht sich einlassen mit ihm.

Das Spaltende und Gespaltene im Wesen des Apollon tritt bereits im Augenblick seiner Geburt in Erscheinung. Wir erinnern uns: kein Ort der Welt, außer der unscheinbaren Insel Delos, war bereit, zur Geburtsstätte des erwarteten mächtigen und unnachsichtigen Gottes zu werden. Leto aber, als sie endlich niederkommen konnte, gebar eine Tochter: Artemis. Statt des erwarteten gefährlichen Gottes betritt zuerst eine Göttin die Erde, und sie erweist sich als selbstlose Geburtshelferin für den viel später erst erscheinenden Bruder. Artemis als weniger gefährliches Vorspiel zur Epiphanie des Apollon: schon hier beginnt die Spaltung.

Während aber Zwillinge im Mythos oft ganz ausgeprägte Gegensätze verkörpern, ist Artemis nur durch einen Gegensatz zu ihrem Bruder gekennzeichnet: sie ist weiblichen Geschlechts. Allerdings ist dieser Gegensatz aufs stärkste abgemildert, ja, fast verleugnet: sie ist, wie er, «Bogenträgerin» und «Pfeilschützin»; sie ist, wie er, die «Reine» und die «Ferne»; sie kann, wie er und mit ihm zusammen, den Menschen einen schrecklichen oder einen sanften Tod schicken. Einige Züge unterscheiden sie von ihm: sie ist die in den Wäldern und auf den Bergen umherschweifende Jägerin, die als

Kriegerin den Amazonen nahesteht und die das Kriegsgetümmel und den Lärm liebt. Gelegentlich ist sie auch die «Nächtliche», aber zugleich die Fackelträgerin und Lichtbringerin. Sie kann über die Menschen Wahnsinn ausgießen, aber diesen auch heilen. Diese Zwiegesichtigkeit zeigt sie auch als Geburtshelferin: sie ist es, die die schmerzhaften Wehen erzeugt und das Kindbettfieber; zugleich aber ist sie die «Helferin in den Wehen», der jede glücklich verlaufende Geburt zu verdanken ist.

Nur eines ist sie nie: die Liebende oder die Geliebte eines Mannes. Sie ist – und das ist ihre vornehmste Eigenschaft – die ewige Jungfrau oder, um es zugespitzt zu sagen: sie ist die abgespaltene weibliche, aber unerotische Seite des Apollon, die schon im Mutterleib der Leto von ihm getrennt wurde, die nicht erwartet und nicht gefürchtet war, die mühelos zur Welt kam und sofort daran ging, für die Ankunft des ungeheuren Bruders behilflich zu sein. Sie bleibt seine Gehilfin, wenn es beispielsweise darum geht, die Töchter der Niobe zu ermorden, bleibt aber im übrigen auf das Natürliche und die Natur beschränkt, weit entfernt von den geistigen Höhen, auf denen er der eigentliche Herr und Herrscher ist.

Ihre Jungfräulichkeit aber, auf die sie so stolz ist und die sie, wenn nötig, aufs grausamste verteidigt, zeigt sie vollends im Banne des ewig distanzierten Apollon: sie ist – als Zwillingsschwester – nicht nur von ihm abgespalten, sondern auch eines möglichen fortzeugenden Eigenlebens beraubt. Fern und frei und schweifend und rein und grausam und hilfreich mag sie sein, aber die Liebe ist anderen Göttinnen vorbehalten; in der Welt des Apollon spielt sie meist eine unglückliche, in der seiner abgespaltenen weiblichen Seite gar keine Rolle.

Und wieder kommt uns ein Aspekt des apollinischen Wesens sehr vertraut vor: nicht nur an unser positivistisches wissenschaftliches Weltbild fühlen wir uns erinnert, sondern auch an jenes Schreckensbild des einseitigen Patriarchates, in dem Männer sexistisch triumphieren, Frauen auf untergeordnet Naturhaftes festgelegt und der analysierende Verstand dem verbindenden Eros mit Selbstverständlichkeit vorgezogen wird.

Aber wieder gilt es zu betonen: solche Zerrbilder haben *wir* aus den vorgegebenen Möglichkeiten gemacht, indem wir gemäß *unserer* Willkür einzelne Gestalten aus dem Kosmos der Götter herausgerissen, isoliert und zu Vorbildern für unseren Umgang mit der Wirklichkeit gemacht haben.

Die Wirklichkeit der Götter – wie die Wirklichkeit der Seele – ist keine zweidimensionale Wirklichkeit, die sich lokalisieren und fixieren ließe. Sie ist nicht drinnen oder draußen, nicht objektiv oder subjektiv, nicht Verstand oder Gefühl, nicht extra- oder introvertiert. Die göttliche Wirklichkeit ist nicht statisch, sondern fließend, und wenn wir auch nur den bescheidensten Eindruck von ihrem Fluß gewinnen wollen, so müssen wir hineinspringen – um entweder getragen zu werden oder darin zu ertrinken.

So jedenfalls verlangt es der andere Gott, dem wir uns jetzt zuwenden wollen.

Dionysos

Kümmerlich unangemessen muß ein Kapitel ausfallen, in dem ein am Schreibtisch sitzender Mann sich vorgenommen hat, Dionysos zu vergegenwärtigen. Neben meinem Schreibblock ein Glas Orangensaft, vor meinem Fenster die schneebedeckten Berge im klarsten Sonnenlicht apollinisch strahlend – mein Geist zwar angespannt, aber denkbar nüchtern (den letzten Wein hatte ich gestern abend, und auch da nicht zu viel, damit ich heute frisch wäre) –, ich könnte jetzt aus den Büchern, die ich bei mir habe, weitere Geschichten über Dionysos und weitere seiner «Attribute» abschreiben und paraphrasieren – aber Dionysos in die Gegenwart, in meine Gegenwart holen? Ich müßte ja singen, tanzen, schwärmen, taumeln; oder doch wenigstens: trinken, um dann als Trunkener einiges Gelallte zu Papier zu bringen – aber ich weiß, das würde kein Verleger drucken.

Hätte es ein Dichter besser? Gibt es mit anderen Worten dionysische Dichtung, in der der Gott vergegenwärtigt ist? Es gibt zum Beispiel manche Passagen in dem Werk von Nietzsche (und ich meine nicht etwa nur in seinen «Dionysos-Dithyramben»): da scheint er mir an einigen Stellen wie ein Blitz aufzuleuchten. Solche Augenblicke gibt es bei Hölderlin, bei Jean Paul, bei Rilke, bei Borchardt, bei Novalis – manches könnte ich noch aufzählen von Dichtung, in der – in einer Zeile vielleicht, in einem Satz – für mein Ohr der reine dionysische Klang zu hören ist. Zu hören ist er unzweifelhaft auch in mancher Musik, bei Schubert vor allem, bei Beethoven, bei Bartók – aber auch da nur, in der Musik, in kurzen Momenten, in aufschreiendem Entzücken, in zerschmelzender Wonne oder im Wahnsinn, der hinter der Süße den Abgrund, hinter dem Jubel den Tod hervorsingen läßt.

Es scheint, daß Dionysos immer wieder als Blitz in Werken der Kunst aufzuckt, und es scheint, daß er diejenigen, die ihm ihre Stimme geliehen haben, immer wieder zerreißt.

Wie kommt es aber, daß seine Erscheinungen immer nur so kurz bemessen, so abrupt, so flüchtig sind? Ich denke, daß das zwei Gründe hat. Der eine ist Dionysos selbst: zwar ist er der Erscheinende, der Nahe, der Überwältigende – aber zu gleicher Zeit der immer wieder Verschwindende, der Verfolgte und Fliehende, der sich immer neu entzieht, um immer neu der Ankommende sein zu können. Darum kann es kein Kunstwerk geben, in dem er in seiner Ganzheit erfaßt werden könnte.

Der andere Grund dafür, daß es keine Kunstwerke gibt, die den Gott in seiner Fülle enthalten und bewahren, liegt beim Künstler. Nur um den Preis des Wahnsinns, des Verstummens und des Unterganges kann er sich dem Dionysos total überlassen – wodurch er aber aufhört, Werke hervorzubringen. Niemand kann ahnen, wie groß die Zahl derer ist, die solches versucht haben – denn wir wissen nur von denen, die in psychiatrischen Kliniken überleben. Von den zu Tode Zerrissenen wissen wir nichts.

Diejenigen aber, die *Teile* der Dionysos-Welt zu gestalten vermochten, haben dazu die höchste erreichbare Hilfe in Anspruch genommen: die des fernhintreffenden Apollon. Abstand vom Feuer, Bewußtheit des drohenden Wahnsinns, beherrschteste Objektivierung des Rausches durch die subtilste Gestaltung der Form: das waren immer die Voraussetzungen dafür, daß ein momenthaftes Aufreißen der dionysischen Welt gelang, ohne daß das Werk und sein Schöpfer sofort verbrannten.

Darum die unablässige Bemühung um die apollinische Form bei Beethoven, bei Schubert, Bartók, Jean Paul, Kleist, Nietzsche, Rilke oder Klee (ich zähle einfach nur auf, ohne an Ordnung zu denken): es bedurfte eines ungeheuren Aufwandes an apollinischer Ordnung und Struktur, um ein Gefäß zu schaffen, das den rasenden Gott für einen Augenblick ertrug. Und noch dann sind die Gefäße oft genug zersprungen und haben nicht verhindern können, daß ihr Schöpfer von dem Unfaßbaren zerrissen wurde.

Ich begnüge mich also mit den schwachen Andeutungen, die hier möglich sind, und umkreise, mit apollinischem Abstand, die göttliche Gestalt, die jeder Beschreibung spottet. Dabei ist klar, daß die apollinische und die dionysische Welt (oder: Wirklichkeitserfahrung) die größten Gegensätze darstellen. Da stehen sich gegenüber: Abstand gegen Nähe, Bewußtheit gegen Hingerissensein, Ordnung gegen Taumel, Nüchternheit gegen Rausch, Maß gegen Überschwang, objektive Beobachtung gegen subjektives Ergriffensein.

Man kann – um noch distanzierter vorzugehen – diese Gegensätze auch psychologisch zu fassen versuchen. Innerhalb der Jungschen Typologie steht Apollon eindeutig auf der Seite der Extraversion sowie des Denkens und Wahrnehmens. Bezeichnenderweise läßt sich aber Dionysos nicht so leicht in dieses Schema pressen. Wohl dürfen wir ihm Gefühl und Intuition zuschreiben, und sicher wird uns das Denken bei ihm als letztes einfallen; aber das sinnliche Wahrnehmen kann in seiner Welt nicht gering ausgeprägt sein, und man könnte, bei oberflächlicher Betrachtung, sein schwärmendes Umherstreifen mit großem Gefolge für extravertiert halten. Bei näherer Überlegung erst mag man zur Einsicht gelangen, daß die dionysische Welt doch primär eine nach innen gerichtete Welt ist, die mehr auf die eigene Tiefe als auf die fremden Objekte bezogen ist, in der aber immer wieder gewaltsame Ausbrüche nach außen erfolgen, die dann mit um so größerer Heftigkeit sich der Objekte bemächtigen.

Das ist nicht eine vergewaltigende Konstruktion, sondern eine Vermutung, die nahe am Wesen des Dionysos bleibt. Denn zu diesem Wesen gehört – im Gegensatz zur apollinischen Eindeutigkeit – das Doppelgesichtige, das Hin- und Herpendeln zwischen den entgegengesetzten Polen.

Er ist nicht nur der Sohn eines göttlichen Vaters und einer menschlichen Mutter, sondern er ist der «Zweimal-Geborene», einmal aus der Mutter, einmal aus dem Vater. So ungeheuerlich ist seine Doppelnatur, daß es nicht genügt, ein göttlicher Gott-Mensch zu sein; es muß hinzukommen, daß er dem Vaterleib gleichermaßen entsprungen ist wie dem Mutterleib, daß bei seiner Geburt die Unterschiede zwischen

Mann und Frau aufgehoben werden[13]. Dieses Zusammenfassen (nicht: Gleichmachen!) der Geschlechter bleibt ihm immer erhalten: so eindeutig seine wollüstige und zeugungsbesessene Männlichkeit einerseits ist, so viel Weibliches gewahren wir andererseits in seinem Wesen wie in seiner Erscheinung. Ob er als nackter Jüngling oder als bärtiger Mann im langen Gewand dargestellt ist: immer spielen die Proportionen seines Leibes zwischen männlichen und weiblichen Formen, am vollkommensten sicher in dem göttlich schönen Bacchus des Michelangelo in Florenz. Und unter den zahlreichen Beinamen, mit denen er genannt wurde, findet sich nicht nur «der Phallische» oder «der Aufgerichtete», sondern auch «der Weibische», der «Mannweibliche» oder sogar: «der scheinbare Mann». So wundert es nicht, daß er auch ganz eindeutig als junges Mädchen auftreten kann, als er die drei verheirateten Töchter des Königs Minyas, die durch besondere Sittsamkeit sich auszeichneten, für die dionysischen Riten gewinnen will. Als die drei Spröden es dann allerdings vorziehen, an ihren Webstühlen weiter zu arbeiten, zeigt der Gott sich ihnen als Stier, sodann als Löwe und Leopard. Zugleich ranken sich Efeu und Wein um die Webstühle, und in den Körben der Wolle nisten Schlangen. Die drei Widerspenstigen aber werden vom dionysischen Taumel ergriffen, zerreißen den Sohn der einen, bekränzen sich mit Efeu, Lorbeer und Winden und ziehen schwärmend mit ins Gebirge.

So ist Dionysos: nicht nur Männliches und Weibliches verbindend, sondern auch abrupt hin- und herschwankend zwischen sanfter Verführung und grausamer Strafe. Dennoch wäre es falsch, ihn unberechenbar zu nennen. Sein Zorn bricht nicht grundlos oder aus unbedeutendem Anlaß hervor, sondern nur dann, wenn ihm Anerkennung und Gefolgschaft verweigert werden. Die allerdings fordert er mit unwiderstehlicher Gewalt, wovon noch viele andere Geschichten erzählen.

Was mag der Sinn seiner Forderung sein? Ich muß sogleich einwenden, daß das eine sehr apollinische Frage ist. Dionysos fragt nicht nach Sinn und Zweck, so wenig, wie er nach Ursache und Wirkung fragt. Er erscheint, er ist nah, er reißt mit, er schafft Verzückung. Er hebt die wohlinstallierte Ordnung auf, er untergräbt die Häuslichkeit der Frauen, die der Athene (und ihren Männern) zu Diensten sind, er führt sie aus dem friedlichen Garten in die Wildnis, er stellt die bürgerliche Welt auf den Kopf. Er fordert, daß es so sein müsse – und weiter nichts. Er offenbart, daß hinter der Tagwelt vordergründiger Sitte und Ordnung eine Nachtwelt der Leidenschaft und des Übermaßes brodelt, und er verlangt deren Anerkennung. Er liefert die grausamen, tödlichen Beweise dafür, daß die Verleugnung dieser nächtlichen Welt die Ordnungswelt nicht etwa schützt, sondern zerstört: die Frau, die ihm die Gefolgschaft verweigert, um eine tugendhafte Gattin und Mutter zu bleiben, wird statt dessen zur Mörderin ihres eigenen Kindes.

Dabei ist das, was er fordert, ja keineswegs eine fortwährende Raserei oder gar das immerwährende Chaos! Als Gatte der *Ariadne* kann er der sanfteste, zärtlichste, beständigste Liebhaber sein! Aber er ist nicht nur der kommende oder gar der ständig anwesende Gott, sondern er ist gleichermaßen der sich Entziehende, der Verschwindende und Unsichtbare. Er erscheint, wenn seine Zeit gekommen ist – das konnte an einigen Orten der Frühling, an anderen gerade der Winter sein. Oft kommt er im Schiffe übers Meer gefahren, oder er wird, als Neugeborener, in einem Kasten (etwa zusammen mit seiner toten Mutter Semele) ans Land geschwemmt.

Und schließlich: er verlangt von den Menschen nichts, was er nicht auch selber leidend erführe. Er ist nicht nur selbst der Rasende, der Zerreißende, der «Rohfresser» und der Umnachtete, sondern er ist auch selbst der Zerrissene. Wir haben bereits gehört, daß er in seiner Gestalt als «Zagreus» oder als «chthonischer» Dionysos-Knabe das Schicksal der Zerstückelung erfuhr.

Sein Verschwinden ist also nicht nur als freiwilliger Rückzug oder als Flucht zu verstehen und sein Wieder-Erscheinen nicht nur als Rückkehr, sondern er erleidet das Schicksal von Tod und Auferstehung.

Er ist der Zeuge einer Leben und Tod umfassenden Wirklichkeit, deren Anerkennung er verlangt. Er will aber nicht «überzeugen», belehren oder bekehren. Er will, daß seine Ankunft, sein «Advent», gefeiert und sein Verschwinden betrauert wird. Er will mitreißen in seinen Zyklus, der das Gegenteil einer zielgerichteten Pfeilbahn ist. Dieser Zyklus hat zweifellos in den Zyklen der Natur eine Analogie, aber es wäre, für unser heutiges Verständnis, grotesk, ihn als einen «Vegetationsgott» zu bezeichnen. Nein: nicht er ist eine «Verkörperung» der Naturzyklen, sondern diese sind ein Bild seiner Wirklichkeit.

Ein anderes Bild seiner Wirklichkeit – und nicht mehr als das, vor allem keine «Erklärung» seines Wesens! – stellt sich uns heute unter dem Begriff des Unbewußten dar. So wie das apollinische Ideal für die Bewußtheit und deren Statik steht, so können wir Dionysos mit der Dynamik des Unbewußten in Beziehung setzen. Diese Beziehungssetzung ist niemals eine Gleichung; Dionysos ist nicht das Unbewußte, und das Unbewußte ist kein Gott. Die Wirklichkeit aber, die Dionysos bezeugt, und die Wirklichkeit, die wir als das Unbewußte bezeichnen, dürften miteinander verwandt sein.

Das Rauschhaft-Wilde, die Zweigeschlechtlichkeit, das plötzlich Hereinbrechende und dann wieder Sich-Entziehende, das Verlockend-Betörende, Überwältigende, Inspirierende, aber auch das Unfaßbare, Geheimnisvolle, Grauenhafte und Wahnsinnige: das sind Eigenschaften oder Wirkungen, die wir dem kollektiven Unbewußten zusprechen.

Was heißt das für meinen Versuch, das Wesen des Dionysos zu vergegenwärtigen? Es könnte heißen – sofern die Parallele, die ich zwischen ihm und dem Unbewußten gezogen habe, etwas Reales trifft –, daß Dionysos in einer neuen Epiphanie begriffen ist. Denn daß die Faszination durch die «Nachtseite» der physischen und der seelischen Natur seit mindestens zweihundert Jahren zunimmt, kann nicht bezweifelt werden. Im Gegenspiel gegen die zunehmende Objektivierung, Verwissenschaftlichung und Technisierung der Wirklichkeit entfaltet sich eine nicht minder intensive – wenn auch im Äußeren weniger mächtige – Hinwendung zum Irrationalen, Geheimnisvollen, Subjektiven; und nicht etwa erst in unserem Jahrhundert. Was in der Renaissance bereits begann, findet in der Romantik einen ersten Höhepunkt: die Nacht, das Unerklärbare und «Übersinnliche» werden – jedenfalls für die künstlerisch bewegten Menschen – anziehender und wichtiger als das, was die Naturwissenschaften so säuberlich erforschen.

In unserem Jahrhundert entdeckt dann auch die Psychologie, daß das Wirksamste in der Seele nicht das ist, was sie über sich selber weiß, sondern das, was auf ihrer Nachtseite verborgen liegt, und sie nennt es: das Unbewußte.

Die Entdeckung des Unbewußten, die in der Romantik längst vorbereitet, wenn nicht sogar schon vorweggenommen war, ist gewiß nicht eine unter vielen gleichrangigen gewesen, sondern sie markiert – wie sonst nur Entdeckungen in der Physik – einen neuen Abschnitt in der Geschichte unserer Wirklichkeits-Erfahrung. Aber nicht in dem Sinne, daß der Begriff des Unbewußten eine neue Sicht der Wirklichkeit erzeugt, sondern umgekehrt: weil wir in neuer Weise die Wirklichkeit erahnen, mußte es zur Entdeckung des Unbewußten kommen. Die beiden großen Begründer der Psychologie des Unbewußten, Freud und Jung, haben «nur» vollzogen, was fällig war.

Fällig war aber dies: die Einsicht, daß der sichtbaren und relativ erforschten Welt draußen eine unsichtbare und noch gänzlich unerforschte Innenwelt gegenübersteht und daß nicht ausgemacht ist, welcher von beiden die größere Bedeutung oder der höhere Grad von Wirklichkeit zukommt.

Diese Einsicht war für die Vertreter und Hüter eines apollinisch-klaren und geordneten Weltbildes so anstößig und unglaubwüdig, daß sie Verdächtigungen aussprachen, mit denen sich die erstarrte Ordnung immer wieder gegen das Neue verteidigt: Freud wurde als ein amoralischer Verderber der Menschheit, Jung als «Scharlatan», «Tarzan» und «Dunkelfreund» apostrophiert. Sie teilten damit das Schicksal des Dionysos, dem auch immer wieder Haß, Verachtung und scheele Mißgunst entgegengebracht wurde.

Wenn ich diesen Vergleich – trotz seiner Unangemessenheit – noch weiterführe, so nicht, um aus Freud und Jung Götter zu machen, sondern nur, um die Parallele zwischen Dionysos und unserem Mythos vom Unbewußten weiterzuführen: auch die Begründer der Tiefenpsychologie waren darauf angewiesen, daß man sich ihnen anschloß und mit ihnen den Weg in die Wildnis (der Analyse) wagte: die zuhause Gebliebenen, die das Wagnis nicht auf sich genommen haben, wissen nicht, was die Wirklichkeit des Unbewußten ist. Diese Wirklichkeit zeigt sich nur dem, der sich ihr ausliefert; zulänglich beschreiben kann man sie nicht.

Wenn ich es wage, den Zeitgeist der Moderne mit einer Wiederkunft des Dionysos in Verbindung zu bringen, und wenn ich es ablehne, Dionysos einfach mit dem Unbewußten gleichzusetzen, dann muß ich, zur Stützung meines Wagnisses, noch andere Hinweise vorbringen, die, unabhängig von der Tiefenpsychologie, eine Wiederauferstehung des Dionysos wahrscheinlich machen könnten.

Ich habe schon, ganz flüchtig, auf Kunstwerke der letzten zweihundert Jahre hingewiesen. Ich denke dabei an des Novalis «Hymnen an die Nacht»; ich denke an Hölderlin, an E. T. A. Hoffmann und andere Romantiker; ich denke an Philipp Otto Runge, an Jean Paul, an Kleist. Ich mache einen Sprung und erwähne Rilkes späte Dichtungen, Bartóks Musik und die Wunderwelt von Paul Klee.

Aber ich will auch in den Alltag der unmittelbaren Gegenwart schauen. Hat nicht das dionysische Schwärmen in der Natur schon in der Jugendbewegung am Anfang unseres Jahrhunderts wieder eingesetzt? Haben wir nicht später die Blumenkinder, und danach, bis heute immer mehr anwachsend, die bis in Wahnsinn und Tod Berauschten unter uns?

Nun gilt es aber zweierlei zu bedenken. Zum einen sind ja Apollon und Dionysos, wenn wir sie nicht zu Prinzipien abstrahieren, keine Feinde, sondern im Gegenteil: sie konnten im gleichen Tempel zu Delphi ihren heiligen Ort haben, an dem sie sich allerdings im rhythmischen Wechsel ablösten. Sie schließen einander also nicht aus, sondern sie ergänzen sich. (Ich werde darauf im letzten Kapitel zu sprechen kommen.)

Zum andern ist das Kommen des Dionysos nicht immer ein gewaltsames Hereinbrechen und Überwältigen, sondern es kann auch sanft und schmiegsam erfolgen, nämlich dann, wenn er nicht als Stier, Löwe oder Panther heranstürmt, sondern wenn er sich in der Gestalt des göttlichen Kindes von den Nymphen oder von menschlichen Frauen finden läßt.

Und ist nicht die Sehnsucht nach einem Neu-Beginn in unseren Tagen so sehr angewachsen, daß sogar schon der Ausbruch des «New Age» proklamiert wird? Bedürfen wir nicht, um in das neue Zeitalter eintreten zu können, einer neuen Epiphanie, nämlich der Geburt eines göttlichen Kindes?

Ich will, in einem tiefenpsychologischen Exkurs, den Archetypus des Kindes und den des Göttlichen Kindes näher betrachten.

V Exkurs: Kind und Göttliches Kind

Es gehört zur religiösen Erfahrung vieler Völker, daß in Zeiten der äußeren Not oder des inneren Stillstandes eine Rettung oder Neubelebung dadurch geschehen kann, daß ein Erlöser oder «Heiland» erscheint, der nicht menschlichen, sondern göttlichen Ursprungs ist und der häufig als Kind die Erde betritt. Die Religionswissenschaft spricht dann vom Mythologem des «Göttlichen Kindes», und C. G. Jung hat, zusammen mit K. Kerényi, den Archetypus des Göttlichen Kindes ausführlich dargestellt.

Mit diesem Archetypus, also mit einem im kollektiven Unbewußten vorgegebenen Urmuster menschlichen Erlebens, wollen wir uns in diesem Exkurs beschäftigen. Es geht dabei zunächst nicht um Dionysos als den vom Menschen unabhängigen Gott, sondern um ein in der menschlichen Seele anzutreffendes Erfahrungsmuster, das die Möglichkeit einer Begegnung mit dem Göttlichen bereithält, aber sie nicht erschafft.

Ich werde dabei zuerst einen kurzen Blick auf das reale Kind werfen, um von daher zu einer knappen Beschreibung des Archetypus des menschlichen Kindes, also des «Kind-Archetypus», zu gelangen. Dann erst werde ich mich dem Archetypus des «Göttlichen Kindes» zuwenden, der sich in wesentlichen Punkten vom Kind-Archetypus unterscheidet.

Wenn wir realistisch über das Kind nachdenken, wird uns dessen sentimentale Verherrlichung nicht in den Sinn kommen. Gewiß, Kinder verkörpern buchstäblich die Zukunft des Menschengeschlechtes, aber nur schon bei rein quantitativer Betrachtung müssen wir in diesem Zusammenhang höchst widersprüchliche Fakten zur Kenntnis nehmen.

Da steht auf der einen Seite die sogenannte «Explosion» der Weltbevölkerung, die in Zahlen ausgedrückt bedeutet, daß sich in den letzten 60 Jahren die Zahl der Menschen verdoppelt, in den letzten 300 Jahren verzehnfacht hat (vgl. C. F. von Weizsäcker in: Die Zeit drängt)[14] – eine wahre Springflut also von immer mehr Kindern, deren weiteres Anwachsen mit großer Wahrscheinlichkeit zu ökonomischen, ökologischen und politischen Katastrophen führen könnte; da steht auf der anderen Seite das in allen hochentwickelten Industrienationen (einschließlich Japans) zunehmende Phänomen des Geburtenrückganges, das langfristig zu einer verheerenden Überalterung dieser Nationen und schließlich – wenn es unvermindert anhält – zu deren Aussterben führen müßte.

Unter Berücksichtigung demographischer Fakten werden die schönen Begriffe von Eltern-Liebe und Kinder-Segen stark relativiert: bei nüchterner Betrachtung haben arme und bäuerlich lebende Elternpaare viele Kinder (und zwar wohl deswegen, weil sie sie als Hilfskräfte und Altersversicherung brauchen), während mit zunehmendem zivilisatorischem Wohlstand (und zwar nicht erst seit der Entdeckung der Pille) der Kinderwunsch rapide abnimmt. Nochmals eine Zahl, diesmal aus der Bundesrepublik Deutschland, die in diesem Zusammenhang einen traurigen Weltrekord hält: seit 1974 sterben in Deutschland jährlich mehr Menschen, als dort geboren werden; und das «low fertility syndrom» ist nirgends so ausgeprägt wie dort: während um 1900 in Deutschland die duchschnittliche Kinderzahl pro Familie 4 betrug, liegt sie heute noch bei 1,6[15]!

Von den Kindern als Zukunftsträgern der Menschheit haben wir also insgesamt viel zu viele, so daß ihre wuchernde

Masse die Zukunft verdüstert, während in relativ kleinen Bereichen, in denen – isoliert betrachtet – die materiellen Zukunftsaussichten denkbar günstig erscheinen, eben wegen dieses Wohlstandes die Zahl der zukunftstragenden Kinder rapide zurückgeht.

Aber verlassen wir die beunruhigenden Zahlen der Demographen und wenden wir uns dem einzelnen Kind zu. Selbst jene Menschen, die keine eigenen Kinder wollen (sei es, weil sie der Zukunft nicht mehr trauen können, sei es, weil sie die Gegenwart unbelastet auskosten wollen), werden die bewundernswerten Eigenschaften von Kindern nicht in Abrede stellen. Manche Qualitäten, die sich heute großer Wertschätzung erfreuen, besitzt das Kind in beneidenswertem Ausmaß: Phantasie, Kreativität, Spontaneität zum Beispiel lebt es den Erwachsenen in so eindrücklicher Fülle vor, daß die Nachdenklichen unter ihnen sich schon seit langem fragen, was das eigentlich für eine Erziehung sei, die aus so verheißungsvollen Anlagen so dürftige Produkte hervorgehen ließe, wie sie es selber geworden sind. Andererseits muß man der kindlichen Seele eine hohe Widerstandskraft zuerkennen, wenn man bedenkt, wie sie aufs ganze gesehen der Erziehung und anderen schädlichen Einflüssen zu trotzen vermag. Das Kind scheint eine Plastizität und Polyvalenz zu besitzen, die es der einzelnen Körperzelle im frühen Embryonalstadium vergleichbar macht. So wie diese sich bis zu einem gewissen Zeitpunkt dem jeweiligen Gewebe, in das sie eingepflanzt wird, völlig anzupassen vermag, so liegt in der Seele des Kleinkindes eine scheinbar unbegrenzte Entwicklungspotenz bereit: sie vermag sich in so hohem Maße an die verschiedenen Umgebungen anzupassen, in die sie hineingestellt wird (man denke nur an die Fähigkeit, jede beliebige Sprache als «Muttersprache» zu erlernen), daß die veraltete Auffassung verständlich ist, die Individualität eines Menschen sei ausschließlich ein Produkt der Umwelteinflüsse.

Nicht weniger als seine Anpassungsfähigkeit beeindruckt den Erwachsenen andererseits die Ausprägung und Unbeeinflußbarkeit mancher Einzelzüge des Kindes: das mag etwa musikalische Begabung sein, die weder anerzogen noch – wenn vorhanden – unterdrückt werden kann; das gilt aber auch für alltägliche Eigenschaften wie Jähzorn, Neugierde oder Nachahmungstrieb. Unabhängig von der Neigung der Erwachsenen, solche Konstanten im Wesen des Kindes als ererbt oder erworben zu interpretieren: sie sind unauslöschlich vorhanden und setzen der scheinbar unbegrenzten Anpassungsfähigkeit mit zunehmendem Alter unüberwindbare Grenzen.

Am Kind beeindruckt uns beides: die vorgeprägte Form wie auch deren lebendige Entwicklung.

Wir bewundern am Kind den Ernst, mit dem es spielt, und die spielerische Leichtigkeit, mit der es auf die ernstesten Fragen stoßen kann. Wir mögen es beneiden um sein Verhältnis zur Zeit: es ist stets ganz in der Gegenwart und scheint Zukunft nur als verlockende Verheißung zu kennen. Weder die Grenze des Todes noch die Last der Vergangenheit ist dem kleinen Kind auferlegt, und im Blick des Säuglings meinen wir etwas von Ewigkeit zu erkennen. Wenn sich aber das Ich schon ausgebildet hat und das Kind seinen Einzug hält in die ihm gegenüberstehende Welt, dann reagiert es anfänglich aus einer dem Erwachsenen unbegreiflichen Ganzheit heraus: sein Denken ist ein fühlendes Denken und sein Empfinden ein intuitives Empfinden; Extra- und Introversion sind noch nicht voneinander zu unterscheiden, weil Innen- und Außenwelt noch in jener magischen Einheitswirklichkeit verschmolzen sind, die Jung den «unus mundus» nennt.

Nun muß allerdings eine Ergänzung des bisher allzu positiven Bildes durch andere Züge folgen, die – jedenfalls vom Erwachsenen her gesehen – zu den dunklen Seiten des Kindes gehören.

Die Kehrseite der kindlichen Spontaneität sind Unberechenbarkeit und Zerstörungslust; die Kreativität des Kindes erschafft nicht nur anmutige Spiele, sondern auch abgründige Grausamkeiten; seine Phantasie erzeugt nicht nur paradiesische Gärten, sondern auch höllische Ängste.

Das Angewiesensein des Kindes auf die Mutter hat nicht nur rührende, sondern auch tyrannische Züge, es ist nicht nur der selig saugende Säugling, sondern auch das nimmersatte, ewig schreiende Ungeheuer. Die anfängliche Abhängigkeit des Kindes, auch wenn sie von den Eltern nicht als Last, sondern als Freude – oder gelegentlich sogar als Befriedigung eigener Bedürfnisse – erlebt wird, schlägt früher oder später um in Auflehnung und Ablösung. Und selbst jene Eltern, die die Selbständigkeit des Kindes nicht nur zulassen, sondern nach Kräften zu fördern suchen, bleiben nicht vor Jahren oder Augenblicken bewahrt, in denen sie sich betrogen und verraten fühlen. Nicht nur das vernachlässigte, gerade auch das geliebte Kind muß zeitweilig zum Feind oder Verächter der Eltern werden – es wäre anders nicht in der Lage, zu sich selber zu finden.

Die Tatsache, daß die in der Theorie vorweggenommene Kenntnis dieser Gesetzmäßigkeiten uns nicht der Notwendigkeit enthebt, sie in unseren eigenen Familien zu erleiden, sollte uns nicht verwirren, sondern beruhigen; denn sie beweist, daß die intellektuelle Kenntnis archetypischer Muster nichts von deren emotionaler Wirksamkeit hinwegnimmt; und das ist tröstlich. Wir brauchen nicht zu befürchten, daß die Psychologie uns zu einer sterilen Vollkommenheit führen würde, sondern wir dürfen hoffen, daß sie uns eine bewußtere Ganzheit ermöglicht.

Die knappen Andeutungen über die Beziehungen zwischen Kind und Eltern haben uns bereits mitten hineingeführt in den Bereich des Kind-Archetypus.

Der Archetypus des Kindes muß ausdrücklich abgehoben

werden von dem des «Göttlichen Kindes». Zwar wissen wir, daß die Unterscheidungen der verschiedenen Archetypen nie scharf sein können und daß sie untereinander nicht nur ein Geflecht bilden, sondern an vielen Stellen durch nahtlose Übergänge miteinander verbunden sind. Aber wir würden eine entscheidende Einsicht in den Archetypus des Göttlichen Kindes verfehlen, wenn wir die Gegenüberstellung zum Archetypus des menschlichen Kindes versäumen würden.

Alle Wesenszüge des empirischen Kindes, die ich genannt habe, müssen – wenn man die Prämissen der Jungschen Psychologie akzeptiert – als Emanationen des Kind-Archetypus angesehen werden. Meine bisherige Darstellung könnte das fundamentale Mißverständnis erwecken, als entstünde das Konzept der Archetypen einfach aus der Addition empirisch vorgefundener Einzelzüge. Nein, im Verständnis der Jungschen Psychologie verhält es sich umgekehrt: die Summe der Einzelzüge ist ein Produkt des präexistenten Archetypus. Weil es im kollektiven Unbewußten den Kinderarchetypus gibt, deswegen sind Kinder so wie sie sind. Und weil diesem Archetypus eine eigene Dynamik innewohnt, deswegen entwickeln sich Kinder nach bestimmten, eben archetypischen Gesetzmäßigkeiten.

Dabei muß immer wieder betont werden, daß wir das Wesen des Archetypus an sich nicht kennen. Was wir erkennen können, ist lediglich seine Auswirkung auf unser Leben, und diese Auswirkung besteht im Auftreten typischer Situationen, typischer Abläufe und typischer emotionsgeladener Symbole.

Am Kind-Archetypus läßt sich besonders deutlich erkennen, daß es isolierte Archetypen oder isolierte archetypische Situationen nicht gibt: so wenig wie ein Menschenkind ohne Vater und Mutter entsteht, so wenig läßt sich über den Kind-Archetypus etwas sagen, ohne daß zugleich die Archetypen von Vater und Mutter mitbedacht werden. Ursache und Wirkung sind jedoch für unsere Verstehensmöglichkeit im archetypischen Bereich nicht säuberlich voneinander zu trennen: es ist der Kind-Archetypus, der in der schwangeren Frau den Mutter-Archetypus evoziert, ebenso wie es der Mutter-Archetypus ist, ohne den der Kind-Archetypus nicht denkbar wäre.

Der Kind-Archetypus ist konstelliert, sobald ein Mann und eine Frau sich lieben, und zwar mit einer solchen Unausweichlichkeit, daß Adolf Guggenbühl jüngst einen Aufsatz betiteln konnte: «Kinderlose Paare gibt es nicht» (Kinder haben? a. a. O. p. 202 ff.)[16]. Wir müßten also eigentlich von einem Mutter-Vater-Kind-Archetypus sprechen und könnten behaupten, daß dieser das Zentrum des irdischen Aspektes der Menschheit sei.

Und doch ist es nicht zu übersehen, daß der Kind-Archetypus in unserem Jahrhundert eine besondere Faszination zumindest auf den westlichen Kulturmenschen ausübt.

Sehr vergröbernd können wir sagen, daß der Vaterarchetypus seit Jahrtausenden große Teile der Menschheit dominierte, und zwar sowohl in Gestalt patriarchaler Religionen als auch vermittels einer patriarchalen Sozialstruktur. Daß dem eine Epoche matriarchaler Dominanz historisch vorausgegangen sei, kann vermutet, aber kaum bewiesen werden. Immerhin führt der Mutterarchetypus im christlichen Abendland ein zwar hintergründiges, aber gleichwohl kraftvolles Leben im Marienkult.

Das 20. Jahrhundert hingegen wurde schon früh als «das Jahrhundert des Kindes» apostrophiert – und das geschah, wenn man dabei an den Archetypus des Kindes denkt, zu Recht. Denn obgleich in diesem Jahrhundert das «low fertility syndrom» in den hochzivilisierten Ländern zu einem alarmierenden Rückgang der Kinderzahlen führt und andererseits die Zahl der verhungernden Kinder in der Dritten Welt erschreckend ansteigt, und obgleich die psychischen wie die ökologischen Lebensperspektiven der heutigen westlichen Kindergeneration den Slogan vom «Jahrhundert des Kindes» wie einen Hohn erscheinen lassen: der Archetypus des Kindes prägt unser Jahrhundert stärker, als es in der «vaterlosen Gesellschaft» der des Vaters und in der Zeit der «Frauenbefreiung» der der Mutter tut.

(Natürlich hat diese Entwicklng ihre historischen Aspekte, denen wir aber hier nicht nachzugehen brauchen).

Ich will das, was ich mit dem pointierten Hervortreten des Kindarchetypus in unserem Jahrhundert meine, mit Beispielen illustrieren.

Einer der erfolgreichsten Schlager des Jahres 1986 war im deutschen Sprachraum die Platte von Herbert Grönemeyer: «Kinder an die Macht»[17].

Aber das ist keineswegs neu. Schon in den ersten Jahrzehnten des Jahrhunderts hatten Dadaismus und Surrealismus das Kind «entdeckt» und verherrlicht, und zwar nicht, wie im Entwicklungsroman des 19. Jahrhunderts, als den Vorläufer des Erwachsenen, sondern als Gestalt eigener Machtvollkommenheit, die den Erwachsenen ausdrücklich entgegengestellt wurde. Ein auch heute noch gelegentlich gespieltes Stück des französischen Dramatikers Roger Vitrac trägt den Titel: «Victor ou Les Enfants au pouvoir». Und im Manifest des Surrealismus von 1924 erklärt André Breton, daß der Surrealismus gleichbedeutend sei mit einer Rückkehr in die Kindheit und daß diese eine Rückkehr in «das wahre Leben» bedeute. Und über den Dadaismus sagt Hugo Ball rückblickend: «Wir begrüßten das Kind, in der Kunst und im Leben (...). Die Kindheit als eine neue Welt, und alles kindlich Phantastische, alles kindlich Direkte, kindlich Figürliche gegen die Senilitäten, gegen die Welt der Erwachsenen»[18].

Hier wird ganz deutlich, daß im «Jahrhundert des Kindes» nicht nur das einzelne Kind gemeint ist, dem etwa – was ja durchaus vonnöten ist – besondere Fürsorge gelten soll, sondern daß dieses Jahrhundert sich etwas Hilfreiches, vielleicht sogar Rettendes von der «Kindlichkeit» erwartet, also in unserer Terminologie: vom Archetypus des Kindes.

Dabei wird die «Kindlichkeit» durchaus nicht in einem sentimentalen Sinne verklärt, sondern die dunklen Seiten des Kindarchetypus sind genauso gegenwärtig wie seine positiven Züge. Es ist vor allem Sigmund Freud und seiner Entdeckung des «polymorph perversen» Säuglings und der kindlichen Sexualität zu verdanken, daß auch die triebhafte, instinktbetonte, aggressive und destruktive Seite des Kindarchetypus ins kollektive Bewußtsein gehoben wurde. Mit der «Macht» der Kindlichkeit ist ja nicht nur Kreativität, Spontaneität und Ursprünglichkeit gemeint, sondern diese Macht bedeutet auch Widerstand, Revolution und Anarchie – womit wir uns wieder dem Bereich des Dionysos annähern.

Der Kindarchetypus wirkt sich nicht nur im friedlichen «Zurück zur Natur» der gemäßigten Alternativen aus, nicht nur in den tricksterhaften Aktionen der Greenpeace oder Robin-Wood-Leute, nicht nur in dem absichtlichen «Enfant-terrible»-Verhalten der Grünen Parlamentarier, sondern er scheint mir auch jene Ausbrüche von jugendlicher Gewalt zu dirigieren, in denen sich blindlings eine Zerstörungswut Luft macht, die man wohl ohne Geringschätzung als «kindlich» bezeichnen darf.

Der Archetypus des Kindes ist auf seine eigene Zukunft hin angelegt, und es gehört zur archetypischen Grunddynamik, daß er, um seine Zukunft gestalten zu können, mit den Eltern-Archetypen in Konflikt geraten muß.

Unsere kollektive Bewußtseinslage scheint so beschaffen zu sein, daß wir die realen Manifestationen der Eltern-Archetypen als dermaßen erstarrt erleben, daß vom kollektiven Unbewußten her eine gewaltige Aufladung des Kind-Archetypus notwendig geworden ist, damit wir nicht in der verwalteten und ausgebeuteten Welt der Eltern (die zugleich eine Welt des isolierten apollinischen Ideals ist) zugrunde gehen.

Darum kommt es im Erleben vieler Einzelner wie in kollektiven Darstellungen zu einer zunehmenden Autonomie archetypischer Kindergestalten, die nicht mehr die lieben Kleinen ihrer Eltern, sondern autonome mächtige Helden sind.

Wenn man zurückdenkt an die rührend-sentimentale «Heidi» der Johann Spyri oder an die dämliche Shirley Temple des Hollywood-Films, dann kann man über die neueren Repräsentanten des Kindarchetypus nur noch in betroffenes Staunen fallen: man denke an Astrid Lindgrens «Pippi Langstrumpf» oder an das sehr amerikanische Gegenstück des «Peter Pan», man denke an Michael Endes Welterfolg «Momo» oder an des gleichen Autors «Kindliche Kaiserin» im Land Phantásia (in seiner «Unendlichen Geschichte»).

Da jedoch die Epiphanie des Kind-Archetypus nicht dem Bewußtsein oder dem Geschmack einzelner Autoren entspringt, sondern eine Auswirkung des kollektiven Unbewußten darstellt, fehlt auch in ihren künstlerischen Manifestationen die abgründige Seite nicht. Dämonische Kinder (die der dionysischen Welt nahestehen) treten in den Geschichten der Patricia Highsmith wie bei Marie Luise Kaschnitz auf; die Geschwister in James' «The Turn of the Screw» lassen den Leser erstarren; «Les enfants terribles» im Roman von Cocteau gehen ebenso tragisch zugrunde wie «L'enfant sauvage» im Film von Truffaut; «Ivans Kindheit» von Tarkowski läßt in der Gestalt des Jungen ebenso alle Hoffnung wie alle Tragik erscheinen, und in Nabokovs Roman «Lolita» ist die «femme fatale» des vorigen Jahrhunderts abgelöst durch «l'enfant fatal», das den abgebrühten Mann Humbert Humbert in die höchsten Entzückungen und dann in den Tod führt. (Daß es bei «Lolita» nicht um die Anima, sondern um das Kind geht, mag durch den Hinweis auf eine Analogie angedeutet werden: in Thomas Manns «Tod in Venedig» ist es der Knabe Tadzio, der dem Manne Gustav Aschenbach zusammen mit dem Eros den Tod bringt.)

Die Beziehung des Kindes zum Tod als tiefste Bejahung des Lebens ist schließlich von Rilke, insbesondere in seiner vierten Duineser Elegie, in einer kaum noch erfaßbaren Komplexität gestaltet worden.

Mit all diesen Beispielen möchte ich auf die außerordentliche Aktualität des Kindarchetypus in unserem Jahrhundert und besonders in den vergangenen fünfzig Jahren hinweisen. Auf die Häufigkeit des Kind-Motivs in heutigen Träumen bin ich deswegen nicht eingegangen, weil ich deren Zeitspezifität in Ermangelung von Vergleichsmaterial aus früheren Jahrhunderten nicht belegen könnte.

Gerade bei der Interpretation des Kind-Motivs in Träumen scheint es mir aber sehr wichtig, nicht in jedem Kind sogleich das «Göttliche Kind» zu sehen. Bei vielen Traum-Kindern ist es wohl angemessener, sie – sofern sie überhaupt subjekt-stufig zu deuten sind – als Repräsentanten des menschlichen Kind-Archetypus aufzufassen, also als Bestandteil jener innerweltlichen Mutter-Vater-Kind-Trias, die zwar archetypischer Natur, aber doch nicht «göttlich» ist. Selbstverständlich tragen alle archetypischen Symbole numinosen Charakter bzw. üben eine numinose Wirkung auf denjenigen aus, der von ihnen betroffen wird. Und zweifellos vermögen archetypische Kindgestalten (man denke etwa an den erwähnten Tadzio bei Thomas Mann) auf das Göttliche hinzuweisen: aber das gilt für alle archetypischen Symbole, wie es gerade die Symbole «Mutter» und «Vater» deutlich machen.

Man sollte sich in der Jungschen Psychotherapie im allgemeinen und in der Trauminterpretation im besonderen vor allzu voreilig überhöhenden Abstraktionen hüten.

Wenn Sigmund Freud tatsächlich in der Gefahr stand, das Geistige auf Sexualität zu reduzieren, so befinden sich manche Anhänger der Jungschen Schule in der entgegengesetzten Versuchung: in jedem brünstigen Stier ausschließlich Zeus und in jedem lebensfrohen Kind ausschließlich einen Heiland zu sehen.

Das Göttliche Kind ist das in die Gestalt eines Kindes inkarnierte Göttliche. Es muß sogleich betont werden: das Göttliche Kind ist nicht etwa nur ein Gott, der noch klein ist. Es ist auch nicht ein kleiner Mensch, dem göttliche Qualitäten aufprojiziert werden, sondern es ist ein Gott, der einen bedeutsamen Teil seines Wesens in der Gestalt eines menschlichen Kindes offenbart.

Hier sind zwei Abgrenzungen erforderlich. Wir kennen von vielen Göttergestalten Geschichten aus ihrer Kindheit; man denke – um ein besonders deutliches Beispiel statt vieler zu nennen – an die wahrhaft dramatische Kindheit des Zeus. Infolgedessen sind uns auch von vielen Göttern bildliche Darstellungen überliefert, die sie in kindlicher Gestalt zeigen.

Dennoch halte ich es nicht für sinnvoll, beispielsweise Zeus dem Umkreis des «Göttlichen Kindes» im engeren Sinne zuzurechnen. Hinter der väterlichen Macht des Zeus tritt seine kindliche Erscheinungsform so sehr zurück, daß es schwerfällt, diese zu seinen Charakteristika zu zählen.

Anders ist es bei anderen olympischen Göttern: Hermes bewahrt immer etwas von der begeisternden Spitzbübischkeit seiner ersten Tage; und auch, wenn wir ihn als bärtigen Mann abgebildet finden, lebt das Göttliche Kind in ihm weiter.

Götter haben ja nicht eine «Biographie» im menschlichen Sinne, so daß sie, auch wenn sie in verschiedenen Lebensaltern auftreten, den Typus des Göttlichen Kindes entweder gar nicht oder für immer verkörpern.

Die andere Abgrenzung gilt gegenüber dem Helden-Kind. Geburt und Kindheitsschicksale vieler Helden haben unverkennbar gemeinsame Züge mit denen des Göttlichen Kindes; dennoch sind die Helden (auch für die tiefenpsychologische Betrachtung) nur höchste Ausformungen des Menschlichen, und nicht Götter. Allerdings kann diese Unterscheidung letztlich nur dazu dienen, einem Mythologem von höchster Bedeutung seinen angemessenen Hintergrund zu verleihen: das Göttliche Kind kann zwar nicht der Verbindung von Menschen entspringen, es kann aber von einer menschlichen Frau empfangen und geboren werden, wenn der Zeugende ein Gott ist. Wir dürfen uns von der Vertrautheit dieses Mythologems aus unserer Weihnachtsgeschichte nicht über sein wahres Alter täuschen lassen: nicht nur griechische Götter haben immer wieder mit menschlichen Frauen Göttliche Kinder gezeugt, sondern schon in der 5. Dynastie des alten Ägypten, das heißt in der Mitte des 3. Jahrtausends v. Chr., zeugt Amon-Rê, der Sonnengott, mit einer menschlichen Königin einen Sohn, in dem sich der göttliche Horus-Knabe verkörpert. Über seinen Sohn spricht Amon-Rê: «Er wird ein Königtum der Gnaden in diesem Lande ausüben, denn meine Seele ist in ihm», und zum Sohne sagt er: «Du bist mein leiblicher Sohn, den ich erzeugte»[19].

Bevor wir aber näher auf das Grundmotiv des Göttlichen Kindes eingehen, das wir jetzt schon berührt haben, nämlich auf das Motiv des göttlichen Erlösers, Heilbringers, Friedensstifters für die Menschen, wollen wir zuvor die Eigenschaften und Schicksale betrachten, die es in sich selber hat.

Alle Stadien seiner Entstehung tragen den Charakter des Übernatürlichen oder doch des Außergewöhnlichen. Es wird auf wunderbare Weise gezeugt (wie z. B. Horus vom toten Vater Osiris) oder empfangen. Es dringt z. B. «klar und bei vollem Bewußtsein ... als ein junger weißer Elephant mit sechs Stoßzähnen, zur rechten Seite in den Leib seiner Mutter ein ...» wie der Bodhisattva in der Lalitavistara[20].

Seine Geburt ist niemals von gewöhnlichen Umständen begleitet: sie kann in der Armut des Stalles, in der Pracht eines paradiesischen Gartens, in Höhlen, auf Bergen oder im Meer geschehen. Oft erleidet es durch den Tod der Mutter bei der Geburt das Schicksal des Waisenkindes und wird von Ammen, Tieren oder Geistern aufgezogen.

Auf vielfältige Weise ist sein Überleben bedroht, auf wunderbare Weise wird es immer gesichert. Seine Ankunft kann von der ganzen Schöpfung jubelnd begrüßt oder von Mächten der Finsternis bedroht werden. Ob es als das winzig kleine Kindlein oder als der fertig gerüstete kindliche Gott auf die Erde tritt: immer zeigt es alsbald seine göttliche Macht und Vollkommenheit. Das geschieht allerdings keineswegs nur in einem wohlgesitteten Sinne. Nicht nur vom Erzschelm Hermes, sondern von vielen anderen Göttlichen Kindern werden Streiche berichtet, die vom Wunderbaren bis zum Grausamen reichen.

Der kleine Krishna war ein ausgesprochener Lausbub, der den Kühen die Schwänze zusammenband und sich an ihre Euter hängte, um sie leerzutrinken, der die Butter an die Affen verfütterte und sich den Mund voll Lehm stopfte. Von seiner Mutter deswegen zur Rede gestellt, leugnete er hartnäkkig: er habe keinen Lehm gegessen. Die Mutter ließ ihn den Mund öffnen und erblickte darin nicht Lehm, sondern «die gesamte Fülle der Schöpfung; das riesengroße Universum, den Weltenraum, die Sterne, die Planeten, Sonne und Mond, die Kontinente, die Gebirge und Meere»[21].

Der Horus-Knabe zeigt erschreckendere Züge: er wollte seinen bösen Onkel Seth, nachdem er ihn bereits kastriert hatte, auch noch umbringen, woran ihn aber seine Mutter Isis dadurch hinderte, daß sie den Seth freiließ. Hierüber ergrimmte Horus so sehr, daß er seiner Mutter den Kopf (in anderen Versionen nur die Krone) abriß, was ihn nicht daran hinderte, später mit ihr die vier Horus-Söhne zu zeugen.

Es kann nicht verwundern, daß auch vom Jesus-Knaben Geschichten berichtet werden, die für die polare Ganzheit des Göttlichen Kindes unerläßlich sind. – Den Sohn des Schriftgelehrten Annas, der ihn geneckt hatte, verwandelt er in einen verdorrten Baum; einen andern Knaben, der ihn angestoßen hatte, läßt er tot umfallen; und als dessen Eltern sich bei Joseph darüber beklagen, läßt das Jesus-Kind sie erblinden. («Kindheitsevangelium des Thomas»).

Je mehr Einzelzüge wir aus den Mythen der Göttlichen Kinder zusammenstellen (und um sie zu sammeln, brauchen wir uns keineswegs auf den Mittelmeerraum zu beschränken, wir finden sie auf der ganzen Erde), desto deutlicher schält sich sein Wesen heraus, das wir folgendermaßen umschreiben können: es ist niemals – wie das Menschenkind – von seinen Eltern abhängig und braucht sich deswegen auch nicht gegen diese aufzulehnen. Es manifestiert in einer neuen Weise die Macht der Götter und bedeutet für die Menschen den Anbruch eines neuen Zeitalters und eine Erneuerung des Lebens. In kindlicher Gestalt offenbart sich auf der Erde eine göttliche Macht, die von vielfältigen Gefahren bedroht, aber durch wunderbare Kräfte gegen sie gefeit ist. Das Göttliche Kind verbindet die Höhe des Himmels mit den Abgründen der Erde und des Meeres und hat am Licht wie am Dunkel gleichermaßen Anteil. Es ist nicht nur klein wie ein Kind und zugleich groß wie ein Gott, sondern es ist «winziger als winzig und größer als groß», wie es in den Upanishaden heißt.

Dem Göttlichen Kind können verschiedene Schicksale beschieden sein. Es kann zum Jüngling und zum Manne werden, es kann seinerseits Kinder zeugen und sich schließlich freiwillig in den Tod begeben, oder auch gegen seinen Willen getötet werden.

Wir kommen damit zurück zur Bedeutung, die das Göttliche Kind für die Menschen hat: es ist der vom Himmel auf die Erde gesandte Retter und Erlöser.

Den geschichtlichen Kontext seiner Erscheinung stellen meistens Zeiten der äußeren Not und des inneren Niedergangs dar, so daß es auf Erden mit Sehnsucht erwartet wird.

Prophetische Ankündigungen seines Kommens gehen seiner Geburt oft schon lange voraus: so im alten Ägypten, in Babylonien und bekanntlich auch in Israel, wenn man – nach alter christlicher Tradition – die Prophezeiungen des Jesaia auf Jesus bezieht. So wie Johannes der Täufer als unmittelbarer Vorläufer auf Jesus hinweist, und so wie der Engel der Jungfrau Maria verkündigt, was durch sie geschehen wird, so treten Vorankündigungen der Geburt eines Göttlichen Kindes und die damit einhergehenden Verheißungen von Freude und Friede bis zurück in das 3. Jahrtausend v. Chr. immer wieder auf.

Ob die symbolischen Bilder, die sich um den Archetypus des Göttlichen Kindes herum einstellen, durch Überlieferungen miteinander verbunden oder ob sie zu verschiedenen Zeiten und Orten jeweils spontan entstanden sind: sie sind in jedem Falle Produkte des kollektiven Unbewußten, die sich in gleichem Gehalt – wenn auch in verschiedenen kulturspezifischen Formen – auf der ganzen Erde finden, also auch dort, wo sie nicht durch Traditionen miteinander verbunden sind.

Man wird sich erinnern, daß ich auf die Unterscheidung zwischen dem Archetypus des Kindes und dem des Göttlichen Kindes Wert legte. Die oben beschriebene Belebung des Kindarchetypus in unserem Jahrhundert scheint darauf hinzuweisen, daß wir den Glauben an unsere Zukunft, die Hoffnung auf unsere eigenen Wandlungskräfte und auf unser Entwicklungspotential noch nicht verloren haben – jedenfalls im Bereich des kollektiven Unbewußten nicht. Die Auflehnung gegen das, was in der Wirklichkeit der elterlichen Welt als hemmend und lebensfeindlich empfunden wird, scheint ebenso kraftvoll zu sein wie das Vertrauen in die eigenen, zukunftsgerichteten Kräfte.

Aber es fragt sich, ob das genügt. Beweist nicht das immer weiter anschwellende Interesse an den historischen Religionen, das geradezu hektische Suchen nach «spiritueller», «ganzheitlicher» oder auch «esoterischer» Erfahrung, daß viele Menschen unserer Tage auf eine Erneuerung warten, die über die selbst bewirkten Erneuerungsbemühungen hinausgeht? Man proklamiert das «New Age» – und befindet sich damit in einer Heilserwartung, die unzweifelhaft religiösen Charakter trägt. Der neue Aion wird nicht von Menschen heraufgeführt, sondern von den Göttern: sie sind es, die ein neues Zeitalter beginnen lassen, indem sie sich bei den Menschen neu inkarnieren.

So meine ich, daß wir wohl gut daran tun, den Manifestationen des Kind-Archetypus in uns selbst die höchste Beachtung zu schenken, daß wir aber ebenso offen sein sollten für die Hoffnung, daß über all unsere eigenen Anstrengungen hinaus ein Göttliches sich neu offenbaren könnte, für das wir empfänglich wären, weil unsere Seele den Archetypus des Göttlichen Kindes bereithält.

Ich würde an dieser Stelle den Einwand verstehen, daß doch für uns christlich geprägte Menschen die Geburt des Göttlichen Kindes ein für allemal in Bethlehem geschehen sei und daß mein soeben geäußerter Gedanke deswegen eher in eine christliche Predigt als in ein Kapitel über Dionysos gehört. Ich gebe aber zu bedenken, daß eine zweitausendjährige Geschichte von Theologie und Kirche eine so tiefe Kluft aufgerissen hat zwischen dem, was sie abstrakt verkündet, und dem, was in unserer Seele archetypisch angelegt ist, daß wir die christlichen Symbole nur noch «glauben», aber kaum noch erfahren können.

Verglichen mit ihren Vorläufern stellt bereits unsere Weihnachtsgeschichte eine starke Entsinnlichung des Mythologems vom Göttlichen Kinde dar. Während frühere Mythen die Zeugung des Heilandes in aller Sinnenfreude ausmalten, erfährt die Jungfrau Maria lediglich die Ankündigung durch den Engel und die «Überschattung» durch den Heiligen Geist. Und während in den orientalischen Vorläufern der

Evangelien das Göttliche Kind zum Weltenherrscher wird und die Krönung seines Wirkens in der Heiligen Hochzeit feiert, bleibt Jesus von Nazareth der unvermählte Wanderprediger, der erst nachträglich zum «himmlischen Bräutigam» wird. Sein Reich schließlich ist nicht von dieser Welt, sondern es ist, so sagt er, «inwendig in Euch».

Gewiß, wir haben gelernt, daß gerade in der Unscheinbarkeit des Christus-Kindes seine Größe liegt und daß es im Christentum nicht um sinnliche Erfahrung, sondern um Spiritualität und Glauben geht..., aber das archetypische Kind in uns, auf dessen Lebendigkeit wir so sehr angewiesen sind, mag sich mit der reinen Verinnerlichung nicht zufriedengeben. Es sehnt sich nach sinnlicher Erfahrung des Göttlichen, es möchte nicht nur glauben, sondern auch anschauen dürfen.

Aber heißt das nicht doch, daß ich einer Wiederbelebung antiker Religiosität das Wort rede oder diese mindestens für wünschbar halte? Ich weise diesen Verdacht nochmals zurück. Wenn ich bei einer zukünftigen Epiphanie des Göttlichen Kindes an Dionysos denke, so meine ich nicht, daß Semele erneut in der Glut des Zeus verbrennen und ein Knabe abermals aus dessen Schenkel geboren werden müßte.

Meine Phantasie reicht nicht aus, mir die Erscheinungsform des Dionysos hier und heute vorzustellen, aber ich vermag anzudeuten, was seine Präsenz bewirken würde: sie würde uns aus der Illusion befreien, die Wirklichkeit bestehe nur aus dem, was wir in ihr messen und zählen können, und unsere Seelen seien mit dem identisch, was wir über uns wissen. Seine anwesende Wirklichkeit würde bedeuten, daß unsere Ordnungen in ihrer Erstarrung aufgebrochen und unsere Deutungen der Welt in Frage gestellt würden. Die Auswirkung seiner Wirklichkeit auf unser Bild von der Wirklichkeit könnte bedeuten, daß wir vor der drohenden

Katastrophe oder der sich anbahnenden Erstarrung gerettet werden – obgleich er selbst nicht den Anspruch erhebt, ein Retter zu sein.

Wenn er den Rausch, die Ekstase, den Enthusiasmus bringt, dann geschieht das ohne Zweck. Er will, daß die Menschen diese seine Gaben anerkennen und in aller Sinnlichkeit erleben – weiter nichts. Er will darüber hinaus nichts bewirken – am wenigsten «Heil» oder «Erlösung».

Die griechischen Götter haben – im Gegensatz zu Jahwe – keine Pläne mit den Menschen. Sie verweisen nicht auf ein Jenseits und haben deswegen nicht die geringste Neigung, das Hiesige zu schmälern. Dem Menschen, der sie ehrt, können sie beistehen, den Überheblichen können sie zerstören. Denjenigen, den sie lieben, können sie mit göttlichen Gaben beschenken – aber ihn zu «erlösen» sehen sie keinen Anlaß.

Ich glaube aber, daß Dionysos uns eine Dimension des Lebens, des hiesigen irdischen Lebens, wiederbringen könnte, die wir verloren haben. Aber nicht als «Heiland» täte er das, nicht als Erlöser und Retter, sondern als ein gefährlich Aufwühlender, Entgrenzender, Bedrohender.

Die Griechen haben ihn, wenn er sich entzogen hatte, jeweils wieder herbeigerufen und ihn enthusiastisch begrüßt.

Könnten wir das wagen?

VI Dionysos und Apollon

Daß wir das Apollinische als ein Ideal abstrahiert haben von Apollon und daß wir dieses isolierte Ideal zur ausschließlichen Richtschnur unseres Wirklichkeitsverständnisses und unserer Kulturentwicklung gemacht haben, das ist – aus der Sicht eines mythischen Denkens – der Grund für die Misere unserer scheinbar gottlosen Gegenwart. Es mag sein, und manche setzten ihre Hoffnung darauf, daß eine vollständige und endgültige Domestizierung der Natur unter der Führung der technisch-naturwissenschaftlichen Intelligenz uns ein Überleben in einer radikal verwalteten Welt ermöglichen kann, aber es gibt Alternativen, die mir wünschenswerter erscheinen.

Wünschenswert ist gewiß nicht ein Umschlagen der rein apollinischen Weltverwaltung in eine rein dionysische Weltverwüstung. Vor einem halben Jahrhundert haben wir zwölf Jahre lang erlebt, was das bedeuten kann. Wir können es uns nicht leisten, den Rasenden Rohfresser ein weiteres Mal mit Trompetenstößen aus der Tiefe heraufzubeschwören und um ihn herum einen monotheistischen Kult zu etablieren.

Ebensowenig aber sollten wir die Zeichen übersehen, in denen sich eine Neugeburt jenes Gottes ankündigt, der nur dann zum Zerstörer wird, wenn man die Wirklichkeit, die er ist, ignorieren zu können glaubt.

Auf einige äußere Anzeichen der möglichen Wiederkehr des Dionysos in unseren Tagen habe ich früher schon hingewiesen. Was aber bedeutet das Annehmen seiner Wirklichkeit grundsätzlich? Es bedeutet nichts geringeres als den Verzicht auf Sicherheit und Ordnung, den Verzicht auf Übersicht und Klarheit, den Verzicht auf Bewußtheit und Autonomie. Dionysos ist der Auflösende, der Entgrenzende, der Entbergende: man wird ihm nur gerecht, wenn man zunächst aufzählt, was er alles wegnimmt, wegreißt, über den Haufen wirft. Zu dem, was ihm im Wege steht und was von ihm überrannt wird, gehört endlich auch jenes höchste Ziel und Produkt einer von Apollon inspirierten humanen Entwicklung: das Individuum, die «Persönlichkeit». Dionysos löst alles Individuelle auf; er tilgt alle persönlichen Spuren, er will nicht Selbst-Verwirklichung, sondern Selbst-Preisgabe. Nicht Absonderung, nicht das Heraustreten aus dem Allgemeinen, nicht die Kultivierung des Einmaligen ist sein Verlangen, sondern die Auflösung im Kollektiven, das Verschwimmen im Ganzen, die Hingabe ans Ungeformte.

Seine Wirklichkeit ist eine zeitlose Einheitswirklichkeit, eine Wirklichkeit des ewig Gleichen, eine Wirklichkeit ohne Grenzen. Nichts ist getrennt voneinander, nichts ist in Gegensätze zerrissen, nichts muß verbunden werden. Lust und Schmerz ist eins, Liebe und Haß ist eins, Himmel und Erde ist eins, Männlich und Weiblich ist eins, Leben und Tod ist eins. Das Ganze aber, die ganze ununterschiedene Einheitswirklichkeit, ist nicht dazu gegeben, analysiert, aufgespalten und geordnet zu werden, sondern sie will, nein: Dionysos will, daß sie *bejaht* wird.

Diese von Dionysos vollzogene und rauschhaft gefeierte grenzenlose Bejahung des einen, ungeteilten Lebens- und Todesgrundes aber bleibt nicht ohne Antithese. Die dionysische Verneinung aller Gegensätze erschafft zwar die Einheitswirklichkeit, aber sie setzt das Vorhandensein von Gegensätzen ja eben durch deren Verneinung voraus. Je radikaler aber die Verneinung vollzogen wird, desto größer wird die Wahrscheinlichkeit ihres Umschlagens ins Gegenteil.

Anders gesagt: da die Wirklichkeit des Dionysos nicht statisch, sondern im höchsten Maße dynamisch ist und da sie ihre Dynamik nirgends anders her beziehen kann als aus der dramatischen Spannung zwischen zwei Polen, muß schließlich eine der dionysischen entgegengesetzte Welt aufsteigen, die die Bipolarität nicht zu überwinden, sondern im Gegenteil: zu manifestieren gewillt ist.

Das ist die Welt Apollons. Sie setzt dem enthusiastischen Schwärmen in der Einheitswirklichkeit die distanzierte Analyse von deren Bestandteilen entgegen. Alles, was die Sinnlichkeit des Dionysos zusammenwirft, das nimmt der besonnene Verstand des Apollon auseinander. Nicht das sinnenträchtige Symbol (das heißt: das «Zusammengeworfene») der Ganzheit, sondern die rationale Analyse der einzelnen Faktoren ist sein Ziel. Und für den Menschen gilt seine Aufforderung: «Erkenne dich selbst» – du bist dazu bestimmt, ein Individuum zu sein, aber als solches bist du für immer aus der Einheit mit der Natur und mit den anderen Menschen und schon gar aus der Nähe zu den Göttern ausgestoßen. Du sollst immer ein Subjekt sein, dem die Objekte gegenüberstehen; immer im Abstand, nie in der Verschmelzung.

Die Aufforderung des Apollon haben wir gut gehört, und selbst noch die christliche Kirche hat sie sich, wenn auch mit anderen Vokabeln, zu eigen gemacht. Der Logos verträgt sich sehr gut – nicht mit Apollon, wohl aber mit dem «Apollinischen». Und hat das Apollinische nicht seinen Triumph in der Geschichte des Christentums gefeiert, als Theologen sich anschickten, im Namen des Logos die christliche Botschaft zu «entmythologisieren»?

Der Logos – mit dem apollinischen Ideal im Hintergrund – als Austreiber des Mythos: da versuchten religiöse Menschen, ihre eigene Religiosität ad absurdum zu führen.

Mit Dionysos oder auch nur mit dem Dionysischen hat die christliche Kirche von jeher auf Kriegsfuß gestanden. Trotz der unübersehbaren Verwandtschaft zwischen Christus und Dionysos (beide stammen von menschlichen Müttern, beide sind Leidende, Sterbende und Auferstehende, beide begehen immer wieder ihren «Advent», beide sind – Jesus von Nazareth wenigstens in den Apokryphen – Tänzer, und beide werden im Symbol des Weines empfangen) hat die Kirche aufs schärfste die sinnliche Welt des Dionysos zurückgewiesen. Nicht nur die Sexualität im besonderen, sondern der Leib im allgemeinen war bis vor wenigen Jahrzehnten der Inbegriff des Bösen oder doch der «Versuchung» für die Kirche – obgleich das Neue Testament wenig Anlaß zu dieser Verteufelung bietet.

Aber auch da ändert sich manches. Viele Theologen haben erkannt, daß das Auseinanderreißen von Sexualität und Religion jene zwar nicht unterdrücken, diese aber in eine Sterilität drängen kann, aus der heraus sie die Menschen nicht mehr in ihrem Zentrum zu erreichen vermag. Die unübersehbare Rehabilitierung von Sexualität und Leiblichkeit in der Kirche: vielleicht auch ein bescheidener Hinweis auf die Wiederkehr des Dionysos – in einer unerwarteten Umgebung?

Außerhalb der Kirchenmauern jedenfalls hat er als «der Phallische» seinen Einzug längst gehalten. Denn es gibt schlechterdings kein Symptom der «sexuellen Befreiung» unserer Tage, das nicht ein Ausdruck seines Wesens wäre – von der Wiederentdeckung der religiösen Dimension der sexuellen Ekstase über das, was man früher als «Promiskuität» bezeichnete, bis hin zur Wiederauferstehung der mit dem Sexus einhergehenden tödlichen Bedrohung.

Gerade am Beispiel der Sexualität zeigt es sich, wie sehr man sich hüten sollte, eine Wiederkunft des isolierten Dionysos leichtfertig herbeizuwünschen: er bringt nicht etwa eine harmlos genußvolle «Revitalisierung» in unsere ausgetrocknete Bürgerlichkeit, sondern er bringt neben aller Lust allen Schrecken des Lebens mit sich – eine ununterschiedene Ganzheit, die nicht jedermanns Sache sein kann.

So ist er auch jeder «Sublimierung» oder Verbrämung der Sexualität abhold. Sie «dient» zu nichts: weder zur Zeugung noch zum «Ausdruck» von irgend etwas; und sie will nichts bedeuten. Der Orgasmus ist die direkteste Epiphanie des Dionysos, die Menschen erfahren können; er ist ein «Symbol» des Dionysos, aber nur in jenem Verständnis des Symbols, das Goethe ausgedrückt hat: «Es ist die Sache, ohne die Sache zu sein, und doch die Sache»[22], was man, im Hinblick auf den Orgasmus, mit einer Anleihe bei Gertrude Stein auch so ausdrücken könnte: ein Orgasmus ist ein Orgasmus ist ein Orgasmus.

So wenig allerdings wie in der Wirklichkeit des Dionysos die Sexualität für etwas anderes steht, so wenig läßt er es gelten, daß irgend etwas anderes die Sexualität «symbolisieren» könnte. Dionysos ist weder Jungianer noch Freudianer; er ist jeder Art von Deutung abhold, weil er der reine Vollzug ist.

Die Wirklichkeit ist bei ihm das, was «wirklich» ist; nämlich: das was von außen auf mich wirkt (die «objektive Realität»), wie auch das, was ich in mir als das Wirkende erfahre (die «Innenwelt»). Die bequeme – weil eine scheinbare Ordnung erschaffende – Aufteilung in Außenwelt und Innenwelt, ebenso wie die beruhigenden Zuordnungen unserer Wirklichkeitserfahrungen zu einem extra- oder introvertierten Typus fallen vor ihm dahin. «Nichts ist drinnen, nichts ist draußen; / denn was innen, das ist außen», dieses «heilig öffentlich Geheimnis» liegt in *seiner* Obhut. Die Quälereien unseres sich selbst reflektierenden Bewußtseins sind in ihm aufgehoben; für den, der sich von ihm ergreifen läßt, ist nur noch eines wirklich: das Ergriffensein. Nicht Subjekt und Objekt, nicht Leib und Seele, nicht Außen und Innen, sondern: Hier und Jetzt. Und nochmals: wo anders vermöchten wir diese Wirklichkeit des Dionysos so unvermittelt, so pur zu erfahren wie im Orgasmus? Da ist nichts anderes als dieses eine Fühlen, das ganz leiblich und doch nicht leiblich, nicht lokalisierbar ist; ganz in diesem Augenblick und doch nicht zeitlich; ganz herrlich und doch grausam; ganz tierisch und doch göttlich.

Es ist leicht zu verstehen, daß diese Epiphanie des Dionysos von jeher für viele Menschen verdächtig war. Sollte die Sehnsucht nach der Erfahrung des Göttlichen, die sich so früh schon an eine Sehnsucht nach «Vergeistigung» koppelte, sich ausgerechnet mit einer Erfahrung des Leibes, noch dazu des «Unterleibes», zufriedengeben? Soll dieses quälende Krampfen und das nachfolgende komische Kribbeln etwas Göttliches sein? Ist es nicht viel mehr etwas Niedriges, Unappetitliches, das zwar heimlich etwas Verlockendes an sich hat, aber gleichwohl ohne Würde ist?

So zieht man es vor, die Satyrn teils zu verachten, teils sie im Geheimen nachzuahmen, weil man sich vor der Gottestrunkenheit der Mänaden allzusehr fürchtet.

Was im Bereich der Sexualität in den letzten Jahrzehnten wiedergewonnen wurde, ist – so scheint mir – vor allem die Ungeniertheit und Freizügigkeit der Satyroi, und das ist nicht geringzuschätzen, denn sie gehören zum Gefolge des Dionysos. Wovon wir jedoch noch weit entfernt sind, das ist die Bereitschaft und Befähigung, das Göttliche im Leiblichen wahrzunehmen.

Was dem entgegensteht, ist die oft beschriebene Entsinnlichung unserer Welterfahrung. Wir haben alles aus zweiter Hand: Bilder von der Welt, statt Welt; Gefühlsbeschreibungen statt Gefühl; Psychologie statt Seele. Und endlich: «Leibtherapien» statt Leiblichkeit.

Da ist – von der Psychologie – entdeckt worden, daß man über den Leib die Seele beeinflussen kann – und vielleicht sogar umgekehrt. Zweifellos ergeben sich daraus wertvolle Möglichkeiten für die Therapie, und gelegentlich wird dabei wohl auch dem Leibe Gerechtigkeit widerfahren. Aber wie groß ist andererseits die Gefahr einer «Instrumentalisierung» des Leibes! Wie begeisternd würde es sein, wenn der Leib um seiner selbst und um seiner Göttlichkeit willen wiederentdeckt würde und nicht nur als Objekt oder Instrument der Therapie.

Wohl wage ich es, in dem neuen Interesse am Leiblichen einen möglichen Vorboten des Dionysos zu sehen; aber seine wirklich einsetzende Epiphanie würde jegliche Art von Polarität oder Dualismus zwischen Leib und Seele einschmelzen in die eine, ungeteilte dionysische Wirklichkeit.

Hier muß ich mich selbst allerdings wieder zurückrufen zu jener Ordnung, in der allein wir zu leben vermögen: zum geduldigen Ertragen der beiden Gesichter der Wirklichkeit. Ist doch das Verlangen nach Dionysos nur deswegen so groß, weil er so weitgehend abwesend ist! Wäre er näher oder würde er gar allein anwesend sein: wie würden wir uns nach seinem Gegenspieler sehnen!

«Dabei darf von jenem Fundamente aller Existenz, von dem dionysischen Untergrunde der Welt, genau nur so viel dem menschlichen Individuum ins Bewußtsein treten, als von jener apollinischen Verklärungskraft wieder überwunden werden kann, so daß diese beiden Kunsttriebe ihre Kräfte in strenger wechselseitiger Proportion, nach dem Gesetze ewiger Gerechtigkeit, zu entfalten genötigt sind.» (Ich zitiere damit aus Nietzsches «Die Geburt der Tragödie»[23], einem Werk, aus dem ich genau so gut fortlaufend zitieren könnte.)

Da er hier von der «Geburt der Tragödie aus dem Geiste der Musik» spricht, kann Nietzsche die beiden «Kunsttriebe» mit den beiden Göttern gleichsetzen. Weit davon entfernt, die Götter damit auf Menschliches reduzieren zu wollen, bringt er dennoch zum Ausdruck, daß die deutlichste Erscheinung der Götter sich für uns in der Kunst ereignet.

Jedes Kunstwerk entsteht aus der «strengen wechselseitigen Proportion» zwischen dem «dionysischen Untergrunde der Welt» und der «apollinischen Verklärungskraft». Ohne Dionysos wäre es blutleer, ohne Apollon amorph. Und doch haben die Künstler an dem einen oder anderen Gott in verschieden hohem Maße Anteil, so daß das «Gesetz ewiger Gerechtigkeit» zu immer neuen Mischungsverhältnissen der schöpferischen Polarität führen muß.

Ich möchte an drei Freundespaare erinnern, die unter den Dichtern der letzten zweihundert Jahre die Spannung zwischen Apollon und Dionysos besonders deutlich verkörpert haben.

Ich zitiere zunächst eine Strophe aus Schillers Gedicht «Das Ideal und das Leben» von 1795[24]:

Nur der Körper eignet jenen Mächten,
Die das dunkle Schicksal flechten;
Aber frei von jeder Zeitgewalt,
Die Gespielin seliger Naturen,
Wandelt oben in des Lichtes Fluren,
Göttlich unter Göttern die *Gestalt*.
Wollt ihr hoch auf ihren Flügeln schweben,
Werft die Angst des Irdischen von euch,
Fliehet aus dem engen dumpfen Leben
In des Idealen Reich!

Und nun die Gegenstimme zur apollinischen *Gestalt*, zur Ablehnung des Körperlichen, zur Gegenüberstellung von «dumpfem Leben» und «des Ideales Reich», nämlich das «Herbstgefühl»[25] des jungen Goethe:

Fetter grüne, du Laub,
Am Rebengeländer
Hier mein Fenster herauf!
Gedrängter quellet,
Zwillingsbeeren, und reifet
Schneller und glänzend voller!

Euch brütet der Mutter Sonne
Scheideblick, euch umsäuselt
Des holden Himmels
Fruchtende Fülle;
Euch kühlet des Mondes
Freundlicher Zauberhauch,
Und Euch betauen, ach!
Aus diesen Augen
Der ewig belebenden Liebe
Vollschwellende Tränen.

Dazu noch aus einem Brief Schillers an Goethe vom 29. März 1802: «Ich freue mich, daß Sie bald wieder hier sein und daß wir den Eintritt des Frühlings zusammen zubringen werden, der mich immer traurig zu machen pflegt, weil er ein unruhiges und gegenstandsloses Sehnen hervorbringt»[26].

Schiller sagt von sich selbst, daß er den eigenen «physischen Zustand, der durch die Natur bestimmt werden kann, gar nicht zu seinem Selbst rechnet, sondern als etwas Auswärtiges und Fremdes betrachtet»[27].

Daß zwei so extreme Pole, wie sie in diesen beiden Dichtern verkörpert sind, dennoch in fruchtbarer Spannung beieinander bleiben und einander so viel geben konnten, hat Schiller in einer seiner «Votivtafeln» in äußerster Knappheit erklärt[28]:

Die Übereinstimmung

Wahrheit suchen wir beide, du außen im Leben, ich innen
In dem Herzen, und so findet sie jeder gewiß.
Ist das Auge gesund, so begegnet es außen dem Schöpfer;
Ist es das Herz, dann gewiß spiegelt es innen die Welt.

Mir scheint, daß eine solche Zusammenschau, die beiden Polen gleichermaßen gerecht wird und doch zugleich ihre Gegensätze unbeschönigt bestehen läßt – daß eine solche Coniunctio Oppositorum nur auf der allerhöchsten Ebene einer

Kultur möglich ist; ich wage dabei an den Apollon-Tempel in Delphi zu denken, in welchem Apollon und Dionysos einander brüderlich ablösten.

Natürlich meine ich nicht, daß man Goethe und Schiller einfach Dionysos und Apollon zuordnen könnte; im Gegenteil: sie liebten einander, weil sie beide an beiden Seinsweisen teilhatten – die Unterschiede sind nicht qualitativer, sondern lediglich quantitativer Natur.

Dasselbe gilt für die beiden andern Männer, die ich kurz als Gegenpole einander gegenüberstellen möchte, zwischen denen jedoch die Dissonanzen die Harmonie bei weitem übertrafen: Heine und Börne. Beide waren anfänglich in Freundschaft verbunden, und Börne schrieb, daß Heines Wort ihn labe «wie das Murmeln einer Quelle in der Wüste, es hat mich entzückt wie eine Menschenstimme von oben, wie ein Lichtstrahl den lebendig Begrabenen entzückt»[29].

Nicht nur die Brillanz ihres Stils verband die beiden, sondern auch die leidenschaftliche Teilnahme an den politischen Geschehnissen ihrer Zeit. Was sie dann jedoch bis zum ätzenden Haß entzweite, das war die Gegensätzlichkeit ihrer Charaktere: Heine distanziert, weitblickend, kühl, zwiespältig, Börne eindeutig, direkt, hingerissen, die Nähe und die Tat suchend, ganz dem Aufgehen in der Gegenwart verschrieben.

Börne: «Was ich immer gesagt, ich glaubte es. Was ich geschrieben, wurde mir von meinem Herzen vorgesagt, ich mußte. Darum, wer meine Schriften liebt, liebt mich selbst»[30].

Und: «Die Zeiten der Theorien sind vorüber, die Zeit der Praxis ist gekommen. Ich will nicht schreiben mehr, ich will kämpfen»[31].

Dagegen Heine: «... je wichtiger ein Gegenstand ist, desto lustiger muß man ihn behandeln»[32].

Später veröffentlichte Börne über Heine folgendes: «Wem wie ihm die Form das höchste ist, dem muß sie auch das einzige bleiben ... Wer die Kunst als seine Gottheit verehrt und je nach Laune auch manches Gebet an die Natur richtet, der frevelt gegen Kunst und Natur zugleich ... Darum rührt er auch nicht wenn er weint; denn man weiß, daß er mit den Thränen nur seine Nelkenbeete begießt»[33].

Zwei Jahre später schreibt er: «Die Religion dient Herrn Heine als Schaukel und das Christentum als Schaukelpferd. Er liebkost es, er schilt es, er peitscht es, er stößt es mit seinen Fersen; zwar kommt er nie vorwärts, aber will Herr Heine jemals vorwärts kommen? Er will nur sich schaukeln und sich Bewegung verschaffen. Beleidigt Herrn Heine nicht, indem ihr ihn eines ernsten Strebens, eines Glaubens, einer Überzeugung führ fähig haltet; Herr Heine weiß so gut als Einer, daß nichts fürchten, nichts hoffen, nichts lieben, nichts verehren und kein Princip haben, die wesentlichsten Züge eines großen Charakters sind»[34].

Und schließlich: «Herr Heine sucht nur den möglich schönsten Ausdruck; das Auszudrückende ist ihm gleichgültig»[35].

Nichts an Börnes Anwürfen ist ganz falsch, aber ebensowenig ist es richtig. Hier tobt ein Schriftsteller, der sich nach dionysischer Leidenschaft und Unmittelbarkeit sehnt, gegen einen anderen, dem abständige Ironie und kühle Bemessenheit weit wichtiger sind als das Sich-Einlassen ins Getümmel und Getöse.

«Ich bin eine gewöhnliche Guillotine und Börne ist eine Dampfguillotine», sagt Heinrich Heine[36].

Zu Lebzeiten Börnes antwortet er nicht, sondern läßt erst drei Jahre nach dessen Tode, 1840, seine «Denkschrift» erscheinen. Neben vielen Bosheiten über Börne steht auch eine Gegenüberstellung des apollinischen und dionysischen Dichters darin, die ich in Auszügen zitieren möchte.

«Rahel liebte vielleicht Börne umso mehr, da sie ebenfalls zu jenen Autoren gehörte, die, wenn sie gut schreiben sollen, sich immer in einer leidenschaftlichen Anregung, in einem gewissen Geistesrausch befinden müssen: Bachanten des Gedankens, die dem Gotte mit heiliger Trunkenheit nachtaumeln. Aber bey ihrer Vorliebe für wahlverwandte Naturen, hegte sie dennoch die größte Bewunderung für jene besonnenen Bildner des Wortes, die all ihr Denken, Fühlen und Anschauen, abgelöst von der gebährenden Seele, wie einen gegebenen Stoff zu handhaben und gleichsam plastisch darzustellen wissen. Ungleich jener großen Frau, hegte Börne den engsten Widerwillen gegen dergleichen Darstellungsart; in seiner subjektiven Befangenheit begriff er nicht die objektive Freyheit, die goethische Weise, und die künstlerische Form hielt er für Gemüthlosigkeit: er glich dem Kinde, welches, ohne den glühenden Sinn einer griechischen Statue zu ahnen, nur die marmornen Formen betastet und über Kälte klagt»[37].

Und endlich noch zwei Dichter unseres Jahrhunderts: Rudolf Borchardt und Hugo von Hofmannsthal.

Die liebende Freundschaft zwischen dem maßvollen, beherrschten Hofmannsthal und dem seine Dämonie mit angespannter Disziplin bemeisternden Borchardt war in sich schon Wunder genug.

Noch wunderbarer aber ist es, daß diese Freundschaft nach dreiundzwanzig Jahren ihres Bestehens einen eisigen Sturm gegenseitiger Kränkungen überstand – um zwar nicht wieder in die vorigen Höhen, aber doch in ein friedliches Nebeneinander zurückzukehren.

Es war richtig, was Borchardt sechs Jahre vor dem verheerenden Bruch an Hofmannsthal geschrieben hatte:

«Es ist doch zwischen einer Beziehung wie der unseren und der Liebe im engeren Sinne der Hauptunterschied, daß sie unduldsam macht und eine solche Liebe duldsam»[38].

Etwas später schreibt er: «Da es das letzte Geheimnis der Liebe ist sich selber zu verwerfen um sich das Leben erst schenken zu lassen und dies geschenkte Leben dann der ganzen Welt ohne jeden Unterschied zu leihen so ist sie die Negation aller Masse und aller Criterien überhaupt. ... Als Heiligung des Widersinns versöhnt sie die ganze Welt mit der ganzen Welt und faßt sie in Eines das sie dem Göttlichen geradezu bringt und gleichzeitig als seine Emanation empfängt.

Aber ich fühle, und nie so sehr wie mit Dir, daß es uns nicht gegeben sein soll in diesem Abgrunde anders als in der hingerissenen Sekunde zu leben – in der Sekunde, in der man sich ins Ganze auflöst, – und empfinde freilich wenn Du fort bist, daß auch die ihr antinome ebenso gewaltige Sekunde, in der man das Ganze in sich auffaßt, nicht dauern darf»[39].

Die Liebe als die Verneinung aller Maße, als Heiligung des Widersinns und Hervorbringung des Göttlichen – das ist dionysische Welterfahrung wie erst recht die «hingerissene Sekunde, in der man ins Ganze sich auflöst». Das andere aber ist apollinisch: die andere «ebenso gewaltige Sekunde, in der man das Ganze *in sich* auffaßt».

Zwischen diesen beiden Polen bewegt sich die Freundschaft zwischen den beiden Dichtern – obgleich auch jeder von ihnen beide Pole in sich enthält. Denn, so fährt Borchardt fort:

«Die Welt differenzlos und die Welt different sehen muß eben dem gleichen Auge eingeboren sein, wie anderer heiliger Zwiespalt der Seele»[40].

Und nun Hofmannsthal über Borchardt (aus einem Brief an Borchardts zukünftige Frau):

«Denn Rudolf ist kein Mensch, der etwas von sich geben kann – er kann sich nur ganz und gar geben. – Wenn ich sagen soll, was mich am meisten rührt, wenn ich ihn denke, so ist es diese gewaltige und tragische Ganzheit seines Wesens – die zu erkennen man ihn gut kennen muß, dann aber versteht man alles aus ihr, selbst die Hemmungen und Verdunkelungen seiner Natur, diese Hemmungen und Verdunkelungen, unter denen man zuweilen sehr leidet, wenn man sein Freund ist, wie ich, und die Kraft, die hier zuweilen in einer grandiosen und dunklen Weise sich selber hemmt, und das Licht, das sich selber zu verdunkeln liebt – wenn man die beide *braucht* zu seinem eigenen Leben und ihrer bedarf zu allen Stunden und es bitter trägt, sie je zu entbehren»[41].

Spricht hier nicht einer wie Apollon, der seinen Tempel mit Dionysos brüderlich teilt, weil er weiß, daß sie einander brauchen?

Hofmannsthal hat das schon mit achtzehn oder neunzehn Jahren in ein Gedicht gefaßt, das sowohl die leichte Freiheit des Apollon als auch seine Verflochtenheit mit den dionysischen Wurzeln wunderbar vergegenwärtigt[42]:

Manche freilich ...

Manche freilich müssen drunten sterben,
Wo die schweren Ruder der Schiffe streifen,
Andre wohnen bei dem Steuer droben,
Kennen Vogelflug und die Länder der Sterne.

Manche liegen immer mit schweren Gliedern
Bei den Wurzeln des verworrenen Lebens,
Andern sind die Stühle gerichtet
Bei den Sibyllen, den Königinnen,
Und da sitzen sie wie zu Hause,
Leichten Hauptes und leichter Hände.

Doch ein Schatten fällt von jenen Leben
In die anderen Leben hinüber,
Und die leichten sind an die schweren
Wie an Luft und Erde gebunden:

Ganz vergessener Völker Müdigkeiten
Kann ich nicht abtun von meinen Lidern,
Noch weghalten von der erschrockenen Seele
Stummes Niederfallen ferner Sterne.

Viele Geschicke weben neben dem meinen,
Durcheinander spielt sie alle das Dasein.
Und mein Teil ist mehr als dieses Lebens
Schlanke Flamme oder schmale Leier.

Dagegen drei Strophen aus einem Jugendgedicht von Rudolf Borchardt, in denen alle erschreckende Süße und Bedrohung der dionysischen Welt beschworen sind[43].

Tiefe und Höhe

I
Laute der Dämmrung, Saitenspiel der Einsamkeit,
Ihr tönt wie sonst, doch besser wärs, ihr töntet nicht.
Nur in sein Unglück lockt ihr mir das kindische,
Das Herz aus seinem Schlafe, drin ich es eingewiegt;
Wer stillt mir dann sein Weinen, wenn ihr zu andern flogt?
Wer dämpft sein irres Singen in der langen Nacht
Wenn Regen durch die finstere Luft herunter fällt?

II
Wo ist mein Sommer? Gib mir Antwort wenn du kannst,
Windharfe, Regenflöte! Trüber süßer Mund,
Gib mir nicht Antwort, wenn du nur solche Antwort weißt.
Mein Sommer liegt im groben Grase eingewühlt,
Ich weiß, die schweren Amseln hüpfen über ihm –
Es spürt es nicht; er drückt sich Mund und Augen zu.
Das stumme Schluchzen schüttert seinen schmalen Leib.

III
Laute und Flöte, o, geliebtes Saitenspiel,
Schweigt mir und hauchet, wem ihr wollt, Unruhe zu!
Ich will mein Ohr vergraben in den Efeubaum,
In seine Blätter drück ich meinen Mund hinein,
Daß er nicht ausbricht, wenn ihr also weitersingt.

Die letzte Strophe des «Liedes» jedoch, veröffentlicht 1923, lautet:

Wende dich von Träumerein,
Daß Erleuchtung werde:
Völlig hingerissen sein
Tilgt die Schuld die Erde.[44]

Es wäre leicht, weitere Beispiele aus der Dichtung anzuhäufen, in denen die beiden Gesichter der Wirklichkeit anschaubar werden, hinter denen jeweils ein Gott steht. Es wäre ebenfalls möglich, diese Vergegenwärtigung dadurch zu erreichen, daß man verschiedene Werke der Musik einander gegenüberstellen würde, und jeder, der «Musik als Muttersprache redet»[45], würde sofort hören, was sich in dieser Sprache von selbst versteht: hier sind sie beide gegenwärtig, Apollon und Dionysos; bald jener diesen erträglich machend, bald dieser jenen fast überwältigend.

Ich zweifle nicht, daß begabtere Augen als meine dasselbe Widerspiel auch in der bildenden Kunst allenthalben wahrnehmen werden.

Aber durch meine Hinweise könnte der Eindruck entstehen, daß die Wahrnehmung jener dynamischen Zweipoligkeit auf die Vertreter der «literarischen Intelligenz» beschränkt sei, auf jene Produzenten und Konsumenten «menschlichen Erfülltseins» also, denen der früher zitierte Karl Steinbuch eine «große Bedeutung für die Gestaltung der Freizeit» zubilligte.

Das wäre allerdings entmutigend; würde es doch bedeuten, daß nur der verschwommene Blick dort zwei Gesichter zu sehen wähnt, wo der präzise eine ungebrochene Einheit erkennt. Wäre es möglich, daß die Anhänger des verabsolutierten apollinischen Prinzipes eine Wirklichkeit erleben, die bar aller dionysischen Reste ist?

Es scheint glücklicherweise nicht immer so zu sein. Vielmehr sind – wie man es inzwischen in zahlreichen Sammelbänden nachlesen kann – viele bedeutende Naturwissenschaftler dieses Jahrhunderts zu der Überzeugung gelangt, daß das herkömmliche naturwissenschaftliche Bild der Wirklichkeit ergänzungsbedürftig ist. Gewiß nicht in dem Sinne, daß in die noch bestehenden Lücken der naturwissenschaftlichen Erkenntnisse einfach «Gott» als Lückenbüßer einzusetzen sei; ebensowenig in der Absicht, die erkannten Gesetzmäßigkeiten durch den Hinweis auf noch Unbekanntes zu entwerten, sondern lediglich in der Absicht, die Wissenschaft auf die *gesamte* Wirklichkeit anzuwenden, also auch auf diejenigen Aspekte von ihr, die sich scheinbar einer wissenschaftlichen Erklärung entziehen.

So schreibt beispielsweise Wolfgang Pauli, drei Jahre nachdem er den Nobelpreis für Physik erhalten hatte, an seinen Kollegen Markus Fierz:

«Dieses Problem hängt sehr eng zusammen mit dem anderen Problem der *Idee der Wirklichkeit.* Der Laie meint gewöhnlich, wenn er ‹Wirklichkeit› sagt, spreche er von etwas Selbstverständlich-Bekanntem; während es mir gerade die wichtigste und überaus schwierige Aufgabe unserer Zeit zu sein scheint, daran zu arbeiten, eine neue Idee der Wirklichkeit auszubauen. Dies ist es auch, was ich meine, wenn ich immer betone, daß Wissenschaft und Religion etwas miteinander zu tun haben *müssen.* (Ich meine nicht ‹Religion innerhalb der Physik› und auch nicht ‹Physik innerhalb der Religion› – denn beides wäre ja ‹einseitig› – sondern Einordnung beider in ein Ganzes.) Was mir unter der neuen Wirklichkeitsidee vorschwebt, möchte ich versuchsweise nennen: die Idee der *Wirklichkeit des Symbols.* Ein Symbol ist einerseits ein Produkt der Anstrengung des Menschen, andrerseits ein Zeichen für eine objektive Ordnung im Kosmos, von der der Mensch nur ein Teil ist. Es hat etwas vom alten Gottesbegriff und auch etwas vom alten Dingbegriff. (Beispiel innerhalb der Physik: ‹das Atom›. Die primären Qualitäten der Raumerfüllung sind ja verloren gegangen. Wäre es kein Symbol, wie könnte es ‹sowohl Welle als auch Teilchen› sein?) Das Symbol ist symmetrisch in Bezug auf ‹Diesseits› und ‹Jenseits›, d.h. zweiseitig im Sinne der von Ihnen vorgeschlagenen Auffassung des Erkenntnisprozesses; es hat eine Beziehung zum ‹Beobachten› und zum ‹Begreifen›, es kann mathematisch sein oder auch noch primitiver bildhaft. Das Symbol ist wie ein Gott, der auf den Menschen wirkt, der aber vom Menschen verlangt, daß er auf Ihn (das Gottes-Symbol) zurückwirken soll. Es scheint mir, daß nur so auch das Diesseits einen Sinn erhält ...»[46]

Jedoch auch dann, wenn nicht von Gott oder von Gottes-Symbolen gesprochen wird, sondern von der Natur oder vom Universum, ergeben sich neue Aspekte:

«Diese schwierigen Existenzfragen sind natürlich nicht neu – sie werden von Philosophen und Theologen seit Jahrtausenden gestellt. Besondere Aktualität gewinnen sie heute, weil sich die Ansichten der *Wissenschaftler* über die Natur des Universums durch neue Entdeckungen einschneidend ändern. Drei Jahrhunderte lang waren in der Naturwissenschaft die Paradigmen, sei es der Newtonschen Physik oder der Thermodynamik, bestimmend, nach denen das Universum entweder eine sterile Maschine war oder sich in einem Zustand des Niedergangs und Verfalls befand. Jetzt gibt es das neue Paradigma des schöpferischen Universums, nach dem die physikalischen Vorgänge etwas Progressives, Innovatives haben. Das neue Paradigma betont die kollektiven, kooperativen und organisierten Erscheinungen der Natur; es sieht sie weniger aus einer analytischen und reduktionistischen, sondern vielmehr aus einer synthetischen und holistischen Sicht»[47].

«Das schöpferische Universum» ist nicht Gott, und der hier zitierte englische Professor für theoretische Physik betont ausdrücklich:

«Ich habe in diesem Buch die Auffassung vertreten, daß man das Universum mit Hilfe der wissenschaftlichen Methode verstehen kann. Ich habe auf die Unzulänglichkeit einer ganz und gar reduktionistischen Naturauffassung hingewiesen, weil ich wünsche, daß die Lücken, die das reduktionistische Denken offen läßt, durch weitere wissenschaftliche Theorien über die kollektiven, organisierten Eigenschaften komplexer Systeme und nicht durch die Beschwörung von mystischen oder transzendenten Prinzipien geschlossen werden. Das ist sicherlich enttäuschend für all jene, die sich begierig auf die Schwächen der Wissenschaft stürzen und bei jeder Meinungsverschiedenheit unter den Wissenschaftlern ihre antiwissenschaftlichen Ansichten bestätigt sehen»[48].

Gleichwohl referiert er ausführlich, wie sich aus verschiedenen Gebieten der Naturwissenschaft die Einsicht ergibt: «Wenn Materie und Energie höhere, komplexere Zustände erreichen, treten neue Qualitäten auf, die von einer Beschreibung auf tieferer Ebene nicht erfaßt werden können. Oft wird auf das Leben und das Bewußtsein hingewiesen, die auf der Ebene der Atome einfach nichts besagen»[49].

Und: «Auch wenn sich das Universum wie eine Maschine im streng mathematischen Sinne verhält, ist es dennoch möglich, daß neue und grundsätzlich unvorhersehbare Erscheinungen auftreten. ... Doch in Wirklichkeit ist das Universum kein lineares Newtonsches mechanisches System, es ist ein chaotisches System. ... Das Universum ist in einem gewissen Maße offen; man kann nicht wissen, welche unerreichten Stufen der Vielfalt und Komplexität es noch bereithält»[50].

Die Offenheit des Universums, seine «schöpferischen», «progressiven» und «innovativen» Möglichkeiten sind eine Folge seiner – wenigstens teilweise – «chaotischen», das heißt: in einem physikalischen Sinne ungeordneten und unvorhersehbaren Beschaffenheit.

Die chaotischen Qualitäten des Universums, die in dessen

lineare Ordnung erst die Möglichkeiten des Neuen, Unerwarteten und Schöpferischen hineinbringen: öffnet diese Erkenntnis nicht für das mythische Denken, das andere Wörter benutzt als die Naturwissenschaft, den Durchblick auf die Wirklichkeit, die den Namen Dionysos trägt?

Ich meine durchaus nicht, daß ich, wenn ich «Dionysos» sage, objektiv mehr oder besseres sage, als wenn die Physiker im physikalischen Sinne von «Chaos» sprechen (obgleich der Unterschied für mich subjektiv beträchtlich ist). Es liegt mir fern, das mythische gegen das naturwissenschaftliche Weltbild auszuspielen; ich möchte nur – immer wieder – behaupten, daß sie beide von Wirklichkeit sprechen, und zwar vermutlich von derselben Wirklichkeit, die aber zwei Gesichter hat.

Auch das Zustandekommen dieser meiner Überzeugung kann wieder auf zwei verschiedene, aber sich zueinander komplementär verhaltende Weisen erklärt werden. Der Physiker James Crutchfield schreibt:

«Es ist denkbar, daß der angeborenen Kreativität ein chaotischer Prozeß zugrunde liegt, der kleine Schwankungen selektiv verstärkt und zu makroskopischen kohärenten geistigen Zuständen ausformt, die als Gedanken erlebt werden. Die Gedanken mögen in einigen Fällen Entscheidungen sein oder das, was als Ausübung des Willens wahrgenommen wird. So gesehen stellt das Chaos einen Mechanismus dar, der in einer Welt, die von deterministischen Gesetzen beherrscht ist, Raum für Willensfreiheit läßt»[51].

Eine solche Erklärung des Zustandekommens meiner (und aller) Gedanken leuchtet mir im Prinzip ein (auch wenn ich sie im einzelnen nicht voll verstehe).

Ich fühle mich aber mindestens genauso befriedigt, wenn ich mir sage: ich denke über die zwei Gesichter der Wirklichkeit nach, weil ich sowohl in der mich umgebenden Welt als auch innen in mir zwei entgegenläufige, aber sich ergänzende

Kräfte wahrnehme, von denen die eine auf Gesetz, Ordnung und Gestalt, die andere auf Chaos und ständige Erneuerung tendiert. Ich erlebe diese Kräfte als weit über mich und mein Verstehenkönnen hinausreichend, und ich glaube, daß sie Götter sind.

Daß ich so denken und glauben kann, setzt zweierlei voraus: erstens ein Gehirn, in dem sich «makroskopische kohärente geistige Zustände» aufgrund molekularer Vorgänge ausformen können, zweitens meine Empfänglichkeit für die Wahrheit des Mythos. Keine dieser beiden Bedingungen schließt die andere aus.

Bei der Erwähnung des Gehirns drängt es sich auf, noch kurz auf eine weitere Polarität hinzuweisen, die im Bereich des Biologischen eine Analogie zu den beiden göttlichen Halbbrüdern darzustellen scheint. Ich meine die seit Beginn der siebziger Jahre besonders in den USA rasche Fortschritte erzielende Erforschung der beiden Hemisphären des Großhirnes.

Obgleich diese hirnphysiologischen Forschungen noch nicht zu endgültig gesicherten Resultaten gelangt sind, darf man doch schon jetzt so viel als erwiesen annehmen: die dominante Hemisphäre (das ist beim Rechtshänder die linke, beim Linkshänder die rechte) ist vorwiegend auf analytisches, diskursives, verstandesmäßiges Denken spezialisiert, während die entgegengesetzte (also bei den meisten Menschen: die rechte) eher für Synthese, Analogie, gefühlsmäßige Verarbeitung und bildhafte («symbolische») Vorstellung zuständig ist. Ganz verkürzt gesagt: die linke (bzw. dominante) Hemisphäre treibt Mathematik, während die rechte Musik hört.

Selbstverständlich arbeiten beide Hirnhälften aufs engste zusammen (sie sind ja auch anatomisch miteinander verbunden), und doch sind einige Forscher der Ansicht, «daß jede Hirnhälfte über eigene, charakteristische Denkprozesse und möglicherweise auch über ein eigenes Bewußtsein verfügt».

«Dieser Auffassung zufolge existiert im menschlichen Nervensystem ein immanenter Bewußtseinskonflikt, und jeder Mensch verfügt über zwei grundsätzlich entgegengesetzte Weisen der Weltsicht»[52].

Damit sind wir wieder bei den «Zwei Kulturen» des C. P. Snow angekommen. Die «naturwissenschaftliche» und die «literarische Intelligenz» könnten also neu benannt werden als «vorwiegend linkshirnige» und «vorwiegend rechtshirnige Intelligenz»? Und die beiden Gesichter der Wirklichkeit kämen letztlich nur durch die Ungleichheit der beiden Hemisphären unserer Gehirne zustande?

Mit dieser Hypothese ist meine linke Hemisphäre (ich bin Rechtshänder) einverstanden.

Die rechte hingegen protestiert: das ist zwar sicher nicht falsch – aber es kann nicht alles sein. Das Recht des Logos mag uneingeschränkt gelten, aber auch die Realität des Mythos ist evident. Es gibt die Götter wirklich, auch wenn die linke Hemisphäre sie nur zu denken, nicht zu erfahren vermag.

Es hat allerdings den Anschein, als ob jene Kräfte, die sich der rechten Hemisphäre bedienen, die toleranteren seien. Oder ist ihre Bereitschaft, die Gültigkeit der links lokalisierten Erlebnisweisen anzuerkennen (die umgekehrt so viel weniger besteht) eigentlich nicht Toleranz, sondern Ohnmacht? Es ist ja nicht zu übersehen, daß die Linkshirnigkeit in bezug auf Realitäts*bewältigung* unvergleichlich viel effizienter ist als die im Musischen verschwimmende rechte Seite. Hinzu kommt, daß das von links Bewirkte stets in sich schlüssig ist und sich selbst beweist, während das von rechts Kommende zur Beweisführung wenig geschickt ist. Ist es nicht also doch unterlegen?

Es liegt nahe, hier nochmals an den Dualismus von «patriarchal» und «matriarchal» zu denken. Das matriarchale Bewußtsein scheint dem patriarchalen nur so lange unterlegen zu sein, als es, anstatt seine eigenen Qualitäten zu pflegen, die des patriarchalen nachzuahmen versucht – was natürlich immer nur unzulänglich ausfallen kann.

Der Feminismus ist, wenn wir es einmal in der Sprache der Hemisphären-Mythologie ausdrücken wollen, mit Vehemenz daran gegangen, die Ebenbürtigkeit der rechten Hemisphäre einzufordern. Wenn es auch verständlich ist, daß dabei die scheinbare Überlegenheit alles Linkshirnigen bekämpft werden muß, so kann es dennoch nicht das Ziel des Feminismus sein, die Menschheit der linken Hemisphäre zu berauben. Ein ausgewogenes Gleichgewicht und eine fruchtbarere Zusammenarbeit der beiden Seiten, eine dialektische statt einer antagonistischen Beziehung zwischen ihnen ist das Ziel, und zwar für Männer nicht weniger als für Frauen – denn zweigeteilt ist das Gehirn bei beiden.

So helfen mir die Anleihen bei der Hirnphysiologie – die ich nicht versehentlich soeben als «Hemisphärenmythologie» bezeichnet hatte – ein weiteres Mal, meine Überzeugung zu rechtfertigen, daß der Feminismus *auch* eine «Männersache» sei – sofern auch Männern daran gelegen ist, die Reichtümer der vernachlässigten «anderen Seite» zu entfalten; derjenigen Seite nämlich, die sie als die vermeintlich «weibliche» den Frauen delegiert und sie dort teils bewundert, teils belächelt hatten, während sie doch in Wahrheit die früher für «stumm» gehaltene Seite des menschlichen Gehirnes ist[53].

Aber ich will die Hemisphären-Mythologie verlassen und zum griechischen Mythos zurückkehren. Auch hier sind es nicht eine Göttin und ein Gott, die die äußerste Polarität verkörpern, sondern es sind zwei männliche Götter, die uns erlebbar machen, daß die Spannung zwischen den Geschlechtern noch nicht der tiefste Grund ist für die Doppelgesichtigkeit der Welt.

Wir besitzen viele Begriffspaare, mit denen wir diese Doppelgesichtigkeit bezeichnen können.

Außer von literarischer und naturwissenschaftlicher Intelligenz oder von intro- und extravertierter Einstellung könnten wir auch sprechen von: Natur und Geist, Inhalt und Form, Realismus und Idealismus, naiver und sentimentalischer Dichtung, zyklothymem und schizothymem Temperament, vom Unbewußten und vom Bewußtsein – und so weiter.

Es wäre wenig damit gewonnen, wenn wir als die bewirkenden Mächte hinter diesen Polaritäten Uranos und Gaia, also: Himmel und Erde, benennen würden. Auch mit Kronos und Rhea würden wir eher in einer allegorischen Andeutung als in einer symbolischen Repräsentanz der beiden Pole verharren. Und wenn wir an andere Paare denken: an Zeus und Hera? Hermes und Aphrodite? Apollon und Artemis? Hades und Persephone? Sie alle stellen zweifellos bedeutende Gegensätze dar, in denen der Gegensatz zwischen männlich und weiblich als ein wesentlicher Bestandteil enthalten ist; aber – so scheint mir – nirgends kommen wir dem Fundament aller Polaritäten so nahe, als wenn wir uns mit Apollon und Dionysos konfrontieren.

Feministinnen mögen dagegen halten, daß dies ein typisches Resultat der «patriarchalen Überformung» der griechischen Mythen sei und daß die mann-weibliche Natur des Dionysos geradezu beweise, daß eben die Männer alles für sich usurpieren wollten ... Sie verkennen dabei die Wirklichkeit der Götter und setzen an deren Stelle ihre eigenen Vorurteile, Ängste oder Wunschvorstellungen. Das Wesen der Götter ist nicht auf sozio-kulturelle Entwicklungen der Menschen zurückzuführen, sondern umgekehrt.

Als Nietzsche «das Apollinische» und «das Dionysische» als die «beiden Kunsttriebe» oder die «Natur-Kunstgewalten» entdeckte, war er nicht von «sexistischer» Blindheit geschlagen und etwa der Meinung, man könne über dem Gegensatz «Apollinisch-Dionysisch» das Gegensatzpaar «Männlich-Weiblich» vernachlässigen, sondern er stellte sie gleichrangig nebeneinander: «An den Antagonismus dieser beiden Natur-Kunstgewalten» (des Apollinischen und des Dionysischen, H. B.) «ist die Fortentwicklung der Kunst ebenso notwendig geknüpft, als die Fortentwicklung der Menschheit an den Antagonismus der Geschlechter»[54].

Er schreibt: «die Fortentwicklung der Menschheit», nicht etwa: «der Fortbestand». Der Antagonismus der Geschlechter wird also nicht aufs Biologische reduziert, sondern ist Grundlage einer Entwicklung, aber die beiden «Natur-Kunstgewalten» sind für ihn anscheinend das Übergeordnete, das die Geschlechterspannung in sich enthält.

Es geht mir jedoch nicht darum, Nietzsches Gedanken für den Feminismus akzeptabel zu machen (ich weiß, daß das unmöglich ist), sondern es geht mir darum, die Polarität zwischen Apollon und Dionysos von der Polarität männlich-weiblich abzuheben und sie – innerhalb einer mythischen Welterfahrung – als den letzten Grund für die Zwiegesichtigkeit der Wirklichkeit zu erkennen.

Nietzsche: «Mit dem Wort ‹*dionysisch*› ist ausgedrückt: ein Drang zur Einheit, ein Hinausgreifen über Person, Alltag, Gesellschaft, Realität, über den Abgrund des Vergehens: das leidenschaftlich-schmerzliche Überschwellen in dunklere, vollere, schwebendere Zustände; ein verzücktes Jasagen zum Gesamt-Charakter des Lebens, als dem in allem Wechsel Gleichen, Gleich-Mächtigen, Gleich-Seligen; die große pantheistische Mitfreudigkeit und Mitleidigkeit, welche auch die furchtbarsten und fragwürdigsten Eigenschaften des Lebens gutheißt und heiligt; der ewige Wille zur Zeugung, zur Fruchtbarkeit, zur Wiederkehr; das Einheitsgefühl der Notwendigkeit des Schaffens und Vernichtens.

Mit dem Wort ‹*apollinisch*› ist ausgedrückt: der Drang zum vollkommenen Für-sich-sein, zum typischen ‹Individuum›, zu allem, was vereinfacht, heraushebt, stark, deutlich, unzweideutig, typisch macht: die Freiheit unter dem Gesetz»[55].

Die Freiheit unter dem Gesetz: wie wohl das tut. So viel Freiheit wie möglich und nicht mehr Gesetz als nötig: kein Besonnener wird dieses Ideal verachten. Es ist durch und durch vernünftig, und wer sich dadurch in eine spießige Ordnung gezwängt vorkommen sollte, weiß die gebliebene Freiheit nicht richtig zu nutzen.

Ein wenig Chaos ist ja nicht nur statthaft, sondern, wie wir gehört haben, innerhalb des Universums sogar nötig, damit die Evolution nicht stillsteht. Wobei nur zu hoffen bleibt, daß das Chaos sich in Grenzen hält.

Ja, die Hoffnung scheint berechtigt, daß auch noch das Quentchen Chaos eine Freiheit unter dem Gesetz darstellt: bisher jedenfalls hat es eine Entwicklung zustande gebracht, die zwar nicht ohne Gefährdungen, aber im ganzen doch konstruktiv in immer größere Differenzierungen hinein verlief. Und wenn die Wirklichkeit Bedrohungen bereithält, dann kommt es darauf an, dieser Bedrohungen durch neue Gesetze Herr zu werden; und zwar durch Gesetze, die sich aus einem verbesserten Verständnis der Wirklichkeit ergeben.

Das verbesserte Wirklichkeitsverständnis aber entsteht durch nichts anderes als durch die immer genauere, immer objektivere Erforschung des Makro- wie des Mikrokosmos, worin die sozio-psychologische Erforschung der Gesellschaft und des Individuums natürlich inbegriffen ist.

So etwa dürfte das apollinische Ideal sich heute artikulieren, und es entspricht nicht meiner Absicht, es lächerlich zu machen.

Dennoch will ich nicht verhehlen, daß mein Gemüt sich stärker zu dem Gegenpol hingezogen fühlt: zum «Hinausgreifen über Person, Alltag, Gesellschaft, Realität» nämlich, und daß «die große pantheistische Mitfreudigkeit und Mitleidigkeit, welche auch die furchtbarsten und fragwürdigsten Eigenschaften des Lebens gutheißt und heiligt» mich in einer Weise anlockt, die möglicherweise bedenklich ist.

Aber wie anders könnte ich meinen Beruf als Psychiater und Analytiker aushalten, wenn ich nicht davon überzeugt wäre, daß auch noch die furchtbarsten und fragwürdigsten Eigenschaften des Lebens gutgeheißen und sogar geheiligt werden müssen? Auch das Dämonische ist heilig, auch die Psychose muß gutgeheißen, nämlich bejaht werden – wenn man genötigt ist, dahinter die Wirklichkeit des Dionysos zu erkennen. Zwar gibt es auch «apollinische» Psychiater, die bezeugen werden, daß sie bei der Ausübung ihres Berufes noch nie einem wie immer gearteten göttlichen Wesen begegnet wären; aber deren Zeugnis wird dadurch beeinträchtigt, daß sie nicht besessene Menschen, sondern stoffwechselgestörte Gehirne zu behandeln pflegen.

Aber ich gerate in die Gefahr, von Dionysos, dem «Zweimal-Geborenen», zu einseitig düster zu sprechen.

Das mag daran liegen, daß wir ihn als den «Lachenden», als den «Freudenbringer» kaum noch zu erfahren vermögen.

Die Freiheit unter dem Gesetz läßt nur noch gemäßigte Manifestationen seiner Freudenräusche zu, und es gehört, wie wir gesehen haben, zu seinem Wesen, daß er mit Schrekken erzwingt, was nicht in Freuden mit ihm geteilt wird: die Anerkennung seiner Wirklichkeit.

So bringt er sich bei uns zur Geltung, indem er unsere Sucht nach dem Schrecklichen anstachelt: immer mehr Bilder von Terror und Katastrophen, immer mehr Geschichten von Mördern und Verrückten, immer «härtere» Pornos und Brutalos.

Auch das dürften Anzeichen seiner näherrückenden Wiederkehr sein – und sie werden sich verstärken, wenn wir weiterhin meinen, wir brauchten nur, wie damals die Töchter des Minyas, weiter an unseren Webstühlen fleißig zu sein, um ihn loszuwerden. Sie wurden ihn nicht los, sondern wurden wahnsinnig.

Ich muß es immer wieder sagen: mit «Anerkennung seiner Wirklichkeit» meine ich nicht den Wunsch, er möge als absolutistischer Herrscher ein totalitäres Regime errichten. Abgesehen davon, daß *wir* das nicht zu ertragen vermöchten, lebt ja auch *er* nicht in permanenter Raserei und sein Gefolge nicht in Dauer-Ekstase. Er ist nicht nur der ständig ankommende, sondern auch der immer wieder sich entziehende, nicht nur der sanguinische, sondern auch der melancholische Gott. Vor allem aber: er hat niemals verkündet: «Ich bin der Herr, dein Gott, du sollst nicht andere Götter haben neben mir!» Er ist einer der «Zwölfgötter» des Pantheons, auch wenn er, als der Zweimal-Geborene, wie kein anderer der Olympier Anteil am Menschlichen hat. Die Menschen dürfen nicht nur, sondern sie sollen andere Götter haben neben ihm, denn er ist, mehr noch als sein Halbbruder Hermes, ein Mittler zwischen Menschen und Göttern, weil er selber ein Gott-Mensch ist.

Nicht nur ist er nicht eifersüchtig darauf bedacht, unter den Göttern der Einzige oder der Höchste zu sein, sondern er bewirkt für die Menschen etwas Ungeheuerliches: er macht sie den Göttern gleich. Seine Mutter Semele, seine «Amme» Ino und seine Geliebte Ariadne hat er zu Göttinnen erhoben, weil er sie göttlich liebte; aber auch allen, die ihm in seiner Ekstase freiwillig folgten, hat er die Möglichkeit gegeben, in der enthusiastischen Begegnung mit ihm eine absolute Erfahrung des Göttlichen zu machen, in der der Unterschied zwischen Gott und Mensch aufgehoben ist. «Einzigartig im Kreis griechischer Religion ist, daß bei solcher Verwandlung Verehrer und Gott miteinander verschmelzen; ‹Bacchos› heißt der eine wie der andere»[56].

Allerdings bedeutet solche Verschmelzung mit dem Gotte und solche Überschreitung der menschlichen Grenzen und Ordnungen zugleich die äußerste Bedrohung der hiesigen Existenz. Nicht Entzückung und Umnachtung, sondern auch Tod und Leben sind eins, wenn Gott und Mensch zu einem werden. Und dieser mystischen Einheitswirklichkeit zu begegnen, sind wir nicht gewillt, weil nicht dazu vorbereitet.

Ist doch nicht nur unser wissenschaftliches Weltbild, sondern auch unsere religiöse Erziehung so ganz und gar nach dem Maß des Abstands ausgerichtet, daß man es unserer Religion nicht mehr anmerkt, daß ihr Stifter ein Gott-Mensch war, dessen Fleisch und Blut wir zu essen und zu trinken eingeladen wurden.

An die Stelle von Fleisch und Blut ist der Gedanke und mithin an die Stelle der Erfahrung der Glaube getreten. Die Wirklichkeit Gottes ist nicht in, sondern über uns, und was immer wir von der Wirklichkeit des Universums oder von der in unserer Seele wahrnehmen: es bleibt von ihm immer, als das Geschaffene vom Schöpfer, unendlich verschieden. So sind wir dazu erzogen, alles Hiesige für etwas Vorläufiges zu halten und die dionysische Vergöttlichung des Menschen im Hier und Jetzt für eine Blasphemie.

Rilke hat das in seinem «Brief des jungen Arbeiters» aufs eindrücklichste beklagt, und ich möchte eine Passage daraus wegen ihrer Aktualität zitieren[57]:

«Und darum wohnen sie auch nicht in Christus, die Eigensinnigen des Herzens, die ihn immer wieder herstellen und leben von der Aufrichtung der schiefen oder völlig umgewehten Kreuze. Sie haben dieses Gedräng auf dem Gewissen, dieses Anstehen auf der überfüllten Stelle, sie tragen Schuld, daß die Wanderung nicht weitergeht in der Richtung der Kreuzarme. Sie haben aus dem Christlichen ein métier gemacht, eine bürgerliche Beschäftigung, sur place, einen abwechselnd abgelassenen und wieder angefüllten Teich. Alles, was sie selber tun, ihrer ununterdrückbaren Natur nach (soweit sie noch Lebendige sind), steht im Widerspruch mit dieser merkwürdigen Anlage, und so trüben sie ihr eigenes Gewässer und müssen es immer wieder erneun. Sie lassen sich nicht vor Eifer, das Hiesige schlecht und wertlos zu machen, – und so liefern sie die Erde immer mehr denjenigen aus, die sich bereit finden, aus ihr, der verfehlten und verdächtigten, die doch zu

Besserem nicht tauge, wenigstens einen zeitlichen, rasch ersprießlichen Vorteil zu ziehn. Diese zunehmende Ausbeutung des Lebens, ist sie nicht eine Folge, der durch die Jahrhunderte fortgesetzten Entwertung des Hiesigen? Welcher Wahnsinn, uns nach einem Jenseits abzulenken, wo wir hier von Aufgaben und Erwartungen und Zukünften umstellt sind. Welcher Betrug, Bilder hiesigen Entzückens zu entwenden, um sie hinter unserm Rücken an den Himmel zu verkaufen! O es wäre längst Zeit, daß die verarmte Erde all jene Anleihen wieder einzöge, die man bei ihrer Seligkeit gemacht hat, um Überkünftiges damit auszustatten. Wird der Tod wirklich durchsichtiger durch diese hinter ihn verschleppten Lichtquellen? Und wird nicht alles hier Fortgenommene, da nun doch kein Leeres sich halten kann, durch einen Betrug ersetzt, – sind die Städte deshalb von so viel häßlichem Kunstlicht und Lärm erfüllt, weil man den echten Glanz und den Gesang an ein später zu beziehendes Jerusalem ausgeliefert hat? Christus mochte recht haben, wenn er, in einer von abgestandenen und entlaubten Göttern erfüllten Zeit, schlecht vom Irdischen sprach, obwohl es (ich kann es nicht anders denken) auf eine Kränkung Gottes hinauskommt, in dem uns hier Gewährten und Zugestandenen nicht ein, wenn wir es nur genau gebrauchen, vollkommen, bis an den Rand unserer Sinne uns Beglückendes zu sehen! *Der rechte Gebrauch, das ist's.* Das Hiesige recht in die Hand nehmen, herzlich liebevoll, erstaunend, als unser, vorläufig, Einziges: das ist zugleich, es gewöhnlich zu sagen, die große Gebrauchsanweisung Gottes, die meinte der heilige Franz von Assisi aufzuschreiben in seinem Lied an die Sonne, die ihm im Sterben herrlicher war als das Kreuz, das ja nur dazu da stand, in die Sonne zu weisen.»

«Der rechte Gebrauch» – es ist möglich, daß die christliche Kirche, oder besser, die christliche Theologie – nicht den rechten Gebrauch von der christlichen Botschaft gemacht hat.

Wäre dieses Evangelium vielleicht, beim rechten Gebrauch, sehr viel hiesiger, sogar: sehr viel dionysischer, als wir es für möglich halten? Was jedenfalls als Mystik, als Gnosis oder als Ketzerei ganz untrennbar neben dem offiziellen Kanal der Kirchengeschichte daher strömt, scheint mir oft besser in die dionysische als in die apollinische Wirklichkeit zu passen.

Und hat nicht in unserem Jahrhundert Paul Tillich den Glauben definiert, als das «Ergriffensein des Menschen von dem, was ihn unbedingt angeht»? Der Glaube also nicht ein Für-wahr-halten, nicht ein angestrengter Akt des Kopfes, sondern ein «Ergriffensein» und zwar ein solches des ganzen Menschen, nach Leib und Seele, wie Tillich mit Leidenschaft betont.

Ich habe schon früher erwähnt, daß viele heutige Theologen für ein «ganzheitliches» Verständnis des Glaubens eintreten und daß damit ein Verschwinden der Leibfeindlichkeit in der Theologie einhergeht.

Es fällt auf, daß viele dieser Theologen – wie es bei Tillich ganz ausgeprägt der Fall war – die Erkenntnisse der Tiefenpsychologie in ihr Denken mit einbeziehen.

Die Tiefenpsychologie, als die Psychologie des Unbewußten, scheint eine in unserem Jahrhundert von uns gebaute Anlegestelle zu sein, an der wir vielleicht die Ankunft des übers Meer kommenden Dionysos erwarten können. (Ob auch Theologen sich absichtlich unter die wartende Menschenmenge mischen werden, weiß ich nicht.)

Zwar haben die Schöpfer der Tiefenpsychologie einhellig betont, daß ihre Überlegungen und Forschungen ausschließlich dem einen Ziel der Therapie gelten sollten, aber selbst der von der Hirnphysiologie herkommende und auch sonst dem apollinischen Wirklichkeitsverständnis sehr zugetane Sigmund Freud hielt es für angemessen, ein mythologisches Motto über das erste tiefenpsychologische Werk zu setzen – und was für eins! «Flectere si nequeo superos, Acheronta movebo»[58]. – Und C. G. Jung beschreibt als alter Mann, wie er schon als Knabe die zwei Gesichter der Wirklichkeit so stark wahrnahm, daß er gar sich selbst als Zwei erfuhr:

«Ich fand mich selber vor als einen, der schuldig ist und zugleich unschuldig sein wollte. Im Hintergrund wußte ich immer, daß ich Zwei war. Der eine war der Sohn seiner Eltern; der ging zur Schule und war weniger intelligent, aufmerksam, fleißig, anständig und sauber als viele andere; der andere hingegen war erwachsen, ja alt, skeptisch, mißtrauisch, der Menschenwelt fern. Dafür stand er vor der Natur, der Erde, der Sonne, dem Mond, dem Wetter, der lebenden Kreatur und vor allem auch der Nacht, den Träumen und was immer ‹Gott› in mir unmittelbar bewirkte. Ich setze hier ‹Gott› in Anführungszeichen. Die Natur erschien mir nämlich, so wie ich selber, von Gott abgesetzt, als Nicht-Gott, obschon von Ihm als Ausdruck Seiner Selbst geschaffen. Es wollte mir nicht in den Kopf, daß die Ebenbildlichkeit sich nur auf den Menschen beziehen sollte. Ja, es schien mir, daß die hohen Berge, Flüsse, Seen, die schönen Bäume, Blumen und Tiere viel mehr das Wesen Gottes verdeutlichten als die Menschen in ihren lächerlichen Kleidern, in ihrer Gemeinheit, Dummheit, Eitelkeit, Lügenhaftigkeit und ihrer abscheulichen Eigenliebe. Alle diese Eigenschaften kannte ich nur zu gut aus mir selber, d. h. aus jener Persönlichkeit Nr. 1, dem Schuljungen von 1890. Daneben gab es jedoch einen Bereich, wie einen Tempel, in dem jeder Eintretende gewandelt wurde. Von der Anschauung des Weltganzen überwältigt und seiner selbst vergessend konnte er nur noch wundern und bewundern. Hier lebte ‹der Andere›, der Gott als ein heimliches, persönliches und zugleich überpersönliches Geheimnis kannte. Hier trennte nichts den Menschen von Gott. Ja, es war, wie wenn der menschliche Geist zugleich mit Gott auf die Schöpfung blickte.

Was ich heute in Sätze auseinandergefaltet ausdrücke, war

mir damals allerdings nicht in artikulierter Form bewußt, wohl aber in überwältigender Ahnung und im tiefsten Gefühl. Sobald ich allein war, konnte ich in diesen Zustand hinübertreten. Hier wußte ich mich würdig und als eigentlichen Menschen. Ich suchte daher die Ungestörtheit und das Alleinsein des anderen, des Nr. 2.

Spiel und Gegenspiel zwischen den Persönlichkeiten Nr. 1 und Nr. 2, die sich durch mein ganzes Leben zogen, haben nichts mit einer ‹Spaltung› im üblichen medizinischen Sinne zu tun. Im Gegenteil, sie werden bei jedem Menschen gespielt. Vor allem sind es die Religionen, die seit jeher zu Nr. 2 des Menschen, zum ‹inneren Menschen›, gesprochen haben. In meinem Leben hat Nr. 2 die Hauptrolle gespielt, und ich habe immer versucht, dem freien Lauf zu lassen, was von Innen her an mich heranwollte. Nr. 2 ist eine typische Figur; meist reicht aber das bewußte Verstehen nicht aus zu sehen, daß man das auch ist»[59].

Wer die Welt und sich selbst so erlebt, der kann nicht eine psychotherapeutische Methode entwickeln, die von der Wirklichkeit der Götter absieht. Das hat Jung immer wieder den Vorwurf der «Vergottung» der Seele eingebracht, den er jedoch mit Gelassenheit ertrug.

Wieso aber fühle ich mich berechtigt, in der Tiefenpsychologie ganz ausdrücklich einen möglichen Ankunftsort des Dionysos zu sehen? Warum soll das Gottesbild in der menschlichen Seele gerade *seiner* Gestalt entsprechen?

Ich habe früher schon ausgeführt, daß alle Qualitäten, die wir dem Unbewußten, insbesondere dem «kollektiven Unbewußten» zusprechen, eine unübersehbare Analogie zu jenem Gotte aufweisen. Ich will diese Hinweise nicht wiederholen, wohl aber die dazugehörende Einschränkung: daß das Unbewußte eine *Entsprechung* zu Dionysos darstellt, bedeutet gewiß nicht, daß wir daraus eine Identität der beiden ableiten wollten! Dionysos ist nicht das Unbewußte, und das Unbewußte ist kein Gott. Die Qualität unserer Seele aber, die uns zur vereinigenden Begegnung mit dem Gott befähigt und zugleich der für uns «verinnerlichte» Schauplatz, auf dem sich diese Begegnung ereignen kann: das ist jener imaginäre Weltinnenraum, den wir das Unbewußte nennen.

Es scheint mir, daß diese Erkenntnis der Forschung weit über alle Nutzanwendungen in der Therapie hinausreicht – obgleich sie diese natürlich *auch* in sich enthält.

Man wird aber zu Recht fragen, ob denn von diesem so weit reichenden Aspekt der Tiefenpsychologie außerhalb von tiefenpsychologischen Büchern irgend etwas zu bemerken sei? Und jeder Kenner der Materie wird einräumen, daß zwar in den tiefenpsychologisch orientierten Therapien religiöse Gehalte immer wieder auftauchen, daß aber mit ihnen, selbst wenn sie beispielsweise aus äußerst sinnlichen Traumbildern bestehen, doch in einer sehr distanziert-apollinischen Weise umgegangen wird. Der Dialog zwischen dem Analytiker und dem Patienten, selbst wenn er ein Dialog über religiöse Inhalte ist, bleibt doch immer ein sehr mentales, distanziertes Geschehen – ja er *muß* es bleiben; alles, was darüber hinaus geht, beschwört die Gefahr eines Zusammenbrechens der «analytischen Beziehung» und eines Aufbrechens des dionysischen Untergrundes herauf. Und tatsächlich geschieht es häufiger, als man wünschen möchte, daß der mißachtete Dionysos – oder doch seine Satyroi – ein weiteres Mal beweisen, daß niemand sie ungestraft ignorieren kann. Im allgemeinen jedoch wissen die Analytiker sich vor ihm mit einem Arsenal subtiler Theorien und mit strikten Verhaltensregeln auf apollinische Weise zu schützen.

Dort aber, wo tiefenpsychologische Therapie sich mit Elementen der leibbezogenen Psychotherapie verbindet, entsteht offenbar eine Therapieform, die für die Erfahrungen des Dionysischen offen ist. Mangels eigener Erfahrung damit verweise ich auf die Bücher von Peter Schellenbaum:

«Abschied von der Selbstzerstörung» und «Die Wunde der Ungeliebten», in denen er sein Modell der «Psychoenergetik» höchst anschaulich dargestellt hat.

Es gibt noch einen weiteren Bereich, in dem die therapeutische Anwendung der tiefenpsychologischen Erkenntnisse die Analogie zwischen Dionysos und dem Unbewußten erkennbar, ja sogar erlebbar macht: das ist das von J.L. Moreno begründete «Psychodrama».

Es ist bekannt, daß aus dem Kult des Dionysos, insbesondere aus dem «Dithyrambos» genannten ekstatischen Hymnus und Rundtanz die antike Tragödie und das Drama entstanden sind (wobei «Dithyrambos» zugleich ein Name des Dionysos ist).

Was wir heute als «Theater» oder als «Oper» kennen, ist im allgemeinen so weit von dionysischen Schöpfungen entfernt, daß Peter Sloterdijk sicher recht hat, wenn er über Dionysos bemerkt:

«Daher geht er, wenn er ehrlich ist, nicht gern in die Oper – und in der Tragödie, die angeblich von ihm selber handelt, kommt ihm öfter das Gähnen als die Lust am Untergang»[60]. (Ich vermute, nebenbei gesagt, daß Dionysos recht gern ins Kino geht und daß es Filme gibt, in denen er Abbilder seiner Wirklichkeit erkennt.)

Doch zurück zum heutigen «Psychodrama». J. L. Moreno, ein ursprünglich in Wien, später in den USA lebender Psychiater, war nicht im engeren Sinne Tiefenpsychologe, aber er war ein dionysischer Künstler und ein hermetischer Erfinder, der das Unbewußte spontan wahrnahm und der eine Methode entwickelte, durch die das Drama wieder dionysisch und zu gleicher Zeit therapeutisch wurde.

In einem «Psychodrama» kann zweifellos Heilung geschehen, aber es ist nicht nur ein Instrument der Heilung, sondern es ist – sofern es gut ist – immer auch zugleich ein künstlerisches und das heißt letztlich: ein religiöses Ereignis. Ich zweifle nicht, daß Dionysos am Psychodrama Gefallen findet und daß andererseits die Analogie zwischen dem Unbewußten und dem «Dithyrambos» im Psychodrama ihren deutlichsten Ausdruck findet.

Ich möchte darum in einem Exkurs über die Anwendung des Psychodramas in der Arbeit mit Träumen (also mit den unmittelbarsten Manifestationen des Unbewußten) berichten. Das geschieht ohne ausführliche Erläuterungen der Technik; diese findet der interessierte Leser in dem Buch von Ellynor Barz: «Selbstbegegnung im Spiel»[61], das das Psychodrama im Kontext der Jungschen Psychologie ausführlich darstellt.

Der folgende Exkurs wird zwei Beispiele von Traum-Psychodramen vorführen, die beide – von außen betrachtet – keinerlei mythologische Motive enthalten. Zwar ist es durchaus möglich, in «Mythodramen» oder «Bibliodramen» göttliche Gestalten oder mythische Ereignisse direkt zu vergegenwärtigen, aber in diesen Sonderformen des Psychodramas geht es um eine vom Bewußtsein her angestrebte Wiederbelebung des Mythos, die zwar überaus wertvoll sein kann, aber doch das Gegenteil von dem darstellt, was ich veranschaulichen möchte. Mir geht es um die Erfahrung, daß im (Psycho-) Drama der «Dithyrambos» auch dann anwesend sein kann, wenn er gar nicht expressis verbis angerufen oder in mythischen Szenen beschworen wird. Seine Epiphanie kann ein spontanes Resultat des dramatischen Umgangs mit dem Material des Unbewußten sein – ganz unabhängig vom manifesten Trauminhalt oder von mythologisierenden Absichten der Teilnehmer. Die Anwesenheit des Dionysos im Psychodrama braucht sich nicht in Reminiszenzen an die Mythologie darzustellen, sondern sie ist erkennbar an der Intensität des Geschehens und an der Ergriffenheit der Teilnehmenden. Nicht die Möglichkeit (oder Unmöglichkeit) einer bewußt herbeigeführten Wiederbelebung des Mythos ist unser Thema, sondern die nie unterbrochene Gegenwart der göttlichen Wirklichkeit, die sich ganz unabhängig von unseren bewußten Intentionen und sogar im Widerspruch zu ihnen ereignen kann.

Darum habe ich Beispiele von Traum-Psychodramen ausgewählt, in denen nicht Dionysos-Geschichten oder -Attribute erkennbar werden, sondern in denen er sich, namenlos, als das von Nietzsche wiedergefundene «Fundament aller Existenz» und als der «dionysische Untergrund der Welt» manifestiert.

VII Exkurs: Traum und Psychodrama

Im Hinblick auf die Praxis der Psychotherapie gibt es nicht viele Kernsätze, über die die Analytiker sich so einig sind wie über Sigmund Freuds Feststellung, daß die «via regia» ins Unbewußte in den Träumen gegeben sei. Stunde für Stunde bemühen wir uns, mit dem jeweiligen Patienten zusammen diesen Weg zu beschreiten, immer von neuem beeindruckt durch seine königliche Vollkommenheit, die ja nicht ein Resultat unserer Bemühungen, sondern ein Naturprodukt des Unbewußten ist.

Mit zunehmender therapeutischer Erfahrung nimmt unsere Gewißheit zu, daß der sorgfältige Umgang mit Träumen Bewußtseinserweiterung, Symptombeseitigung, ja Heilung bewirken kann.

Allerdings sollte die fundamentale Bedeutung der Träume für unsere Art von Therapie doch nicht jene Formel rechtfertigen, die man gelegentlich von Außenstehenden, und – glücklicherweise nur selten – sogar von Jungianern hören kann, die Formel nämlich: Jungsche Psychotherapie = Traumdeutung.

Diese Formulierung erscheint mir nicht nur wegen ihrer Enge und Ausschließlichkeit falsch, sondern mehr noch durch das Wort «Traum*deutung*», das eine zu einseitige Betonung auf den intellektuellen, eben den «deutenden» Aspekt unserer Arbeit legt.

Traumdeutung im Sinne C. G. Jungs soll ja nicht nur als intellektuelle Übersetzungsarbeit aufgefaßt werden, sondern sie soll von der Intuition, der Empfindung und dem Gefühl ebenso getragen sein wie vom Denken.

Praktisch bedeutet das, daß Analytiker und Analysand den Traum nicht nur bedenken, sondern daß sie auch seinen «Gefühlston» berücksichtigen, nach seinen wahrnehmbaren Details fragen und ihn intuitiv umkreisen.

So haben wir unser Handwerk gelernt, so bemühen wir uns, es auszuüben, und so entfaltet es oft – deo concedente – seine hilfreiche Wirkung.

Wenn ich im folgenden dieser klassischen Art der Traumdeutung, nämlich dem Dialog *über* den Traum, eine andere Art der Traumwahrnehmung, nämlich das in einer Gruppenarbeit vollzogene Hineingehen *in* den Traum, gegenüberstelle, so geschieht das nicht in der Meinung, daß die Methode der dialogischen Traumdeutung durch eine andere zu ersetzen sei. Vielmehr betrachte ich die Vergegenwärtigung eines Traumes im Psychodrama, die ich hier kurz vorstellen werde, als eine *Ergänzung* der herkömmlichen Traumdeutung, eine Ergänzung allerdings, die eine ganz wesentliche Bereicherung darstellt.

In welcher Hinsicht könnte denn das analytische Gespräch über den Traum bereichert werden? Oder anders gefragt: inwiefern haftet denn diesem Gespräch etwas Ärmliches an?

Ich will einen Traum erzählen. Eine ca. 40jährige, unverheiratete Frau findet sich im Traum einer älteren, leicht ordinären, aber doch nicht unsympathischen Dame gegenüber, die offensichtlich eine gehobene Puffmutter ist und die sich sanft drängend darum bemüht, die Träumerin zur Mitarbeit in ihrem Etablissement zu bewegen. Sie malt dabei insbesondere die freundschaftlichen Beziehungen aus, die unter den Mitarbeiterinnen herrschen und die wesentlich dazu beitrügen, das «Arbeitsklima» denkbar angenehm zu gestalten. Noch während des Traumes wundert sich die Träumerin darüber, daß sie sich keineswegs abgestoßen fühlt und daß die doch eher zweifelhafte Dame sowohl Züge ihrer leiblichen Mutter als auch solche ihrer besten Freundin erkennen läßt.

Ich habe über diesen Traum nie ein deutendes Gespräch geführt, denn ich kenne ihn lediglich als Gegenstand eines Psychodramas. Aber ich nehme an, daß jede noch so intensive und gescheite Interpretation dieses Traumes ein wenig ärmlich ausgefallen wäre im Vergleich zu dem, was im Psychodrama daraus wurde. In der Deutung hätte man Assoziationen und Einfälle gesammelt zur Dirne, zum Bordell, zur Mutter, zur Freundin, zur hetero- und homoerotischen Einstellung der Träumerin, zu ihrem Selbstverständnis als Frau, zu ihren Phantasien, Sehnsüchten, Ängsten, Hoffnungen – und so weiter. Zweifellos wären beide, Analysandin und Analytiker, an diesen Bemühungen auch gefühlsmäßig beteiligt gewesen, und möglicherweise hätten sich Einsichten in Übertragungs- und Gegenübertragungsphänomene ergeben. Am Ende der Stunde wären aber aus einem Bordell und einer Puffmutter Worte geworden, Erkenntnisse, Gedanken. Man hätte vielleicht in umschreibenden Formulierungen vom Annehmen der eigenen Weiblichkeit, von der Großen Mutter oder vom Hieros Gamos gesprochen. Ich bezweifle nicht im geringsten, daß eine solche – oder auch eine ganz andere – Deutung der Träumerin Gewinn gebracht hätte.

Aber hätte sie nicht auch etwas verloren? Wäre nicht – auf einer anderen als der intellektuellen Ebene – auch eine Verarmung eingetreten, der Ersatz nämlich eines schillernd-lebendigen Symbols durch einen relativ fixierenden Gedanken?

Wie gesagt: dieser Traum wurde nicht gedeutet, sondern mit den Mitteln des Psychodramas gestaltet. Da entstand ein etwas plüschiger, leicht schäbiger, aber dennoch gemütlicher Salon; da gab es einen Korridor, von dem Türen zu geheimnisvollen Zimmern abgingen; da erschien eine Puffmutter von Fleisch und Blut; und da verlangte die Träumerin doch schließlich, ihre gerühmten Kolleginnen kennenzulernen:

und es kamen vier lustige Mädchen, die sich der Träumerin liebevoll-wissend annahmen und ihr, amüsiert durcheinanderschwatzend, davon berichteten, wie einfach, lukrativ und bisweilen lustig ihre Tätigkeit unter der Obhut der Chefin doch sei. Unverkennbar genoß die Träumerin das Zusammensein mit den Mädchen, wandte sich dann aber schließlich wieder an die Mutter des Ganzen und sagte: «Also gut, dann schick mir mal einen Mann.»

Ich könnte (oder möchte) mir vorstellen, daß mancher ernsthafte Jungsche Kollege angesichts dieses Beispiels protestieren wird. Zwar sind moralische Vorhaltungen wie: Anstiftung zur Prostitution auf dieser Ebene wohl nicht zu erwarten, aber: wie steht es mit dem Respekt vor dem Traum? Wird er hier nicht willkürlich verändert, statt einer fachgerechten Deutung unterzogen? Wird nicht das unbewußte Material der Träumerin dadurch verzerrt und fast entweiht, daß andere mit ihm zu spielen beginnen? Und wo bleibt überhaupt das Vas hermeticum der analytischen Beziehung? Wird nicht durch die Teilnahme einer ganzen Gruppe von Menschen an einer Traumhandlung der Individuationsprozeß in sein Gegenteil verkehrt, nämlich in eine Rückwärtsbewegung in Richtung auf Rekollektivierung?

Bevor ich auf diese Frage eingehe, indem ich die psychodramatische Arbeit mit Träumen näher beschreibe, möchte ich nochmals festhalten, daß ich mit diesem Beispiel auf eine mögliche Bereicherung der klassischen Traumdeutung hinweisen möchte, ohne damit etwa für deren Abschaffung zu plädieren.

Die Psychodrama-Gruppen, mit denen meine Frau und ich arbeiten – auf die Funktionen, die wir beiden einnehmen, komme ich später zu sprechen –, bestehen aus zehn bis zwölf Personen, je zur Hälfte Frauen und Männer und möglichst gestreut in den Lebensaltern. Alle Gruppenmitglieder sind – oder waren – in Analysen, gleichgültig, welcher Schulrichtung. Die Gruppe trifft sich einmal pro Woche für 2½ Stunden und bleibt im allgemeinen für lange Zeit, nämlich zwei bis drei Jahre in möglichst unveränderter Zusammensetzung bestehen.

Am Anfang der Sitzung meldet sich der «Protagonist», das ist der- oder diejenige, die heute sein/ihr Psychodrama gestalten möchte. Die Wahl des zu bearbeitenden Themas steht dem Protagonisten völlig frei: es mag ein akutes Problem sein, eine bestimmte Angst oder eine vage Spannung; es kann ein traumatisches Kindheitserlebnis, eine Zukunftserwartung oder ein Traum sein. Während der Protagonist anfänglich zu der gesamten mit ihm im Kreis auf Stühlen sitzenden Gruppe spricht, wird er nach einer gewissen Zeit vom Leiter aufgefordert, mit ihm und der Mitleiterin zusammen im Inneren des nun weiter auseinandergerückten Kreises der übrigen Mitglieder herumzugehen. Von nun an bis zum Ende des Psychodramas befindet sich die Mitleiterin ständig hinter dem Protagonisten, in bewußt reflektierter Identifikation sein Ich verstärkend, schützend, aber auch – wenn nötig – hinterfragend: sie spricht als sein «Hilfs-Ich» in der ersten Person aus dem Protagonisten heraus, dabei jedesmal ihre beiden Hände auf dessen Schultern legend. Sofern das Hilfs-Ich nicht nur über eine Ausbildung und Erfahrung als Analytikerin, sondern auch über ein hohes Maß an Einfühlungsvermögen und Intuition verfügt, wird das Hilfs-Ich zum entscheidenden therapeutischen Agens des Psychodramas: sie hinterfragt die Persona, sie stützt oder schützt das Ich, sie bietet – mit größter Vorsicht – Aspekte des Schattens dem Bewußtsein an und übernimmt, wie es ein Protagonist einmal ausdrückte, die Funktion des «Schutzengels».

Für den «Leiter» des Psychodramas bedeutet die Anwesenheit des Hilfs-Ich eine beträchtliche Entlastung. Er kann sich zum Beispiel in der Phase des Herumgehens des Protagonisten im Kreise ganz darauf konzentrieren, durch gezielte Fragen die tieferen Schichten des vom Protagonisten vorgetragenen Problems zu erkennen und zugleich nach einer geeigneten Szene suchen, in der sich dieses Problem dramatisch darstellen läßt. Gelegentlich ergibt sich erst bei dieser Suche ein Traum, der dem Protagonisten einfällt, und den der Leiter zum Gegenstand des folgenden Psychodramas auswählt.

Im übrigen verfährt er in dieser Anfangsphase kaum anders als in der Analyse: er sammelt Informationen, Einfälle, Assoziationen des Protagonisten, beobachtet dessen Emotionen und Affekte, registriert seine Widerstände und bemüht sich, den unbewußten Hintergrund des vordergründigen Geschehens zu erfassen. Die einzige Leistung, die er zusätzlich zur üblichen Tätigkeit des zuhörenden und fragenden Analytikers zu erbringen hat, besteht darin, daß er sich einer verbalen Deutung enthält und statt dessen nach einer symbolischen Szene sucht, in der sich die aktuelle Problematik des Protagonisten darstellen ließe. Diese Szene kann eine real erinnerte oder auch eine vorgestellte sein; sie kann durchaus alltäglichen Charakter tragen, muß aber die Möglichkeit bieten, nicht nur als Beispiel für die bewußte Problematik, sondern auch als Projektionsträger für deren unbewußte Hintergrunds-Konstellation zu dienen.

Wenn, wie in meinem oben referierten Beispiel, ein Traum zum Gegenstand eines Psychodramas gemacht wird, ist der Leiter seiner schwierigsten Aufgabe enthoben. Er kann nun das weitere Geschehen ganz dem Traum, dem vom Hilfs-Ich getragenen Protagonisten und der Mitarbeit der Gruppe überlassen. Wie das geschieht, will ich anhand meines ursprünglich berichteten Beispiels berichten.

Die Protagonistin hatte von Anfang an erklärt, sie wolle mit diesem Traum arbeiten. Sie könne ihn schon *deuten* (sie befindet sich seit Jahren in einer Analyse), aber sie habe das Gefühl, daß er mehr enthalte, als man mit einer Deutung herausholen könne.

Wie in jedem Psychodrama, so wurde auch hier zunächst von der Protagonistin die Szene aufgebaut. Sie beschreibt in aller Ausführlichkeit die fragwürdige Eleganz des Salons, baut mit kleinen Tischen, verschiedenartigen Stühlen und einem Divan die Möblierung auf, beschreibt Bilder an den Wänden, den Teppich, die Vorhänge etc.

Indem sie das alles konkret tut und weil sie nicht abständig beschreibt, sondern im Raume handelt, erfährt der Schauplatz des Traumes eine sinnliche Präsenz, die auf keine andere Weise herzustellen wäre. Das Hilfs-Ich fragt: «Wie fühle ich mich jetzt hier?» Die Protagonistin läßt sich bequem in einen Sessel fallen, horcht eine Weile in sich hinein und sagt schließlich: «Es ist ganz gut hier. Es ist spannend.» Etwas später: «Es riecht allerdings etwas zu stark nach Parfum.»

Der Leiter fragte, ob sie jetzt bereit sei, der Chefin zu begegnen. Die Protagonistin braucht noch etwas Zeit, dann tritt sie aus der aufgebauten Szene heraus und wählt eine Spielerin für die Rolle der Puffmutter aus. Sie mustert alle anwesenden Frauen, sagt zu einer: «Ich habe eigentlich an dich gedacht, du gleichst meiner Mutter etwas, aber...» Sie wählt dann eine Frau aus, die wesentlich jünger ist als sie selbst und «führt» diese dann (wie der terminus technicus heißt) «in die Rolle ein». Dazu stellt sie sich hinter die auf einem Stuhl sitzende Spielerin, legt ihr die Hände auf die Schultern und spricht in der ersten Person: «Ich bin hier die Chefin. Ich bin 56 Jahre alt.» Und nun beginnt eine ausführliche Imagination aus der Traumfigur heraus, in der sich Phantasien über die Existenz einer Puffmutter mit Zügen der eigenen Mutter und der Freundin mischen. Nach einer Weile fragt das Hilfs-Ich: «Warum habe ich eigentlich diese Monika» (so nenne ich die Träumerin) «hierherbestellt? Was will ich denn von der?» Die Protagonistin überlegt eine Weile, dann: «Ich denke, die ist ganz schön sexy. Würde hierher passen. Mal sehen.»

Schließlich wird sie behutsam aus der einführenden Identifikation mit der Traumfigur herausgeführt, sitzt dieser im Salon gegenüber und führt mit ihr das Gespräch, das sie zuvor als Bestandteil des Traumes berichtet hatte. Erstaunlich ist dabei die überzeugende Echtheit, mit der die Spielerin der Puffmutter diese verkörpert: sie reproduziert nicht nur aufs genaueste die Qualitäten, mit denen sie zuvor von der Protagonistin aufgeladen worden war, sondern sie bereichert diese mit derartig überzeugenden, aber in ihrem sonstigen Wesen bisher unbekannten Puffmutter-Zügen, daß man ihr Mitgehen nicht nur als eine vollkommene Übernahme von Projektionen (der Protagonistin), sondern sogar als ein Ergriffensein vom Archetyp der großen Kupplerin erfährt.

Als die Protagonistin die Puffmutter anfährt: «Was stellen Sie sich eigentlich vor? Ich habe seit Jahren meinen Freund, ich verdiene gut in meinem Beruf – was soll ich denn eigentlich hier?», veranlaßt der Leiter einen sogenannten «Rollentausch». Die beiden Frauen wechseln die Stühle, die Protagonistin ist jetzt die Puffmutter, deren Spielerin nimmt den Platz der Protagonistin ein und wiederholt deren letzten Satz. Die Protagonistin als Puffmutter lächelt überlegen und sagt: «Mein liebes Kind, machen Sie sich doch nichts vor. Sie sind genauso abenteuerlustig wie die andern – Sie möchten auch gerne mal raus aus Ihrem Gefängnis.» Erneuter Rollentausch. Die Protagonistin (wieder sie selbst): «Frechheit.» Hilfs-Ich (hinter ihr): «Wirklich?» Protagonistin (lachend): «Na ja. Ein bißchen recht hat sie ja schon.»

Die Puffmutter malt nun das angenehme Leben unter den bei ihr beschäftigten Mädchen aus, und hier verläßt die Protagonistin plötzlich die ursprüngliche Traumhandlung, wendet sich an den Leiter und sagt: «Bitte, die sollen kommen!» Der Leiter: «Wer soll sie spielen?» Protagonistin: «Alle.» Der Leiter gibt den übrigen vier Frauen einen Wink, und es entsteht jene köstliche, aus der Spontaneität der beteiligten Frauen geschaffene Szene, die ich bereits geschildert habe.

Die Handlung des Traumes, in dem ja die Mit-Schwestern nur erwähnt wurden, aber nicht auftraten, ist damit verlassen worden. Aber das geschah keineswegs willkürlich oder einer bewußten Intention folgend, sondern es ereignete sich aus der intensiven gefühlsmäßigen Vergegenwärtigung des Traumes heraus, gewissermaßen als ein aktives Weiterträumen des Traumes oder eben: als aktive Imagination.

Als die Protagonistin dann, halb schelmisch, halb ängstlich, aber jedenfalls aus tiefstem Herzen sagte: «Also gut, dann schick mir mal einen Mann», ließ der Leiter den Spiel-Teil des Psychodramas beenden und es folgte das – später zu beschreibende – «Sharing». Das geschah nicht aus Prüderie, sondern aus dem Gefühl heraus (das auch die Protagonistin und das Hilfs-Ich teilten), daß hier ein abschließender Höhepunkt erreicht war, über den hinaus sich das Material dieses Traumes nicht ohne Willkür hätte weitergestalten lassen.

In jedem Psychodrama wird – von allen Beteiligten – dem Protagonisten stets die größte Rücksicht und Behutsamkeit zuteil; und diese behutsame Ehrfurcht gilt selbstverständlich genauso dem Traum des Protagonisten.

Bevor ich mich der Frage zuwende, ob es denn erlaubt sei, etwas so Intimes wie einen Traum mit mehr als einem Menschen zu teilen, bevor ich also nach der Funktion der Gruppe im Psychodrama frage, möchte ich noch ein wenig beim Traum im allgemeinen verweilen.

Es scheint festzustehen, daß das Träumen geradezu eine physiologische Voraussetzung für die seelische Gesundheit darstellt. Ich sage «das Träumen», weil es bei der psychohygienischen Grundfunktion der im Schlaf stattfindenden Bilderproduktion nicht einmal darauf ankommt, ob diese Produkte, die wir Träume nennen, überhaupt erinnert, geschweige denn, ob sie im Bewußtsein in irgendeiner Weise «bearbeitet» werden.

Ebenso sicher scheint es uns aber, daß diese Träume über

ihr elementares und ihr gesunderhaltendes Sich-Ereignen hinaus auch Informationen enthalten; und zwar – wie wir meinen – Informationen von großer Bedeutung, die vom Unbewußten ausgehen und offensichtlich an das Bewußtsein gerichtet sind. Jedenfalls vermag das Bewußtsein aus ihnen «Botschaften» herauszuarbeiten, die sich oft als hochgradig nützlich erweisen, weil sie die Standpunkte des Bewußtseins ergänzen, in Frage stellen oder widerlegen, es auf jeden Fall aber in fruchtbarer Weise herausfordern.

Die Frage nach dem Ursprung der überlegenen Weisheit, die sich in den Träumen manifestiert, wird in der Jungschen Psychologie mit dem Hinweis auf das hypostasierte «Selbst» beantwortet. Zwar bleibt es unerklärlich, warum die von der höchsten seelischen Instanz ausgehenden Botschaften meistens in so verschlüsselter, bisweilen archaischer Bildersprache formuliert werden, aber die jahrtausendealte Praxis der Traumdeutung (und nicht erst die der Analytiker!) zeigt, daß erst die Anstrengung der Deutung den Wert der Botschaft erkennen läßt; ja, daß dieser Wert umso höher geschätzt wird, je mühsamer er erworben wurde. Dabei hat es sich – ebenfalls seit Jahrtausenden – als nützlich erwiesen, wenn der Träumer nicht nur auf eigene Faust versucht, die Botschaft der Träume zu erfassen, sondern wenn er dazu Hilfe von anderen, erfahreneren, weiseren Menschen in Anspruch nimmt. Der Traum kann also Kommunikation bewirken, und zwar nicht nur zwischen dem Unbewußten und dem Bewußtsein, sondern auch zwischen dem vom Traum Betroffenen und anderen Menschen, die ihm – gerade weil sie nicht unmittelbar betroffen sind – bei der Arbeit des «Übersetzens» und Deutens behilflich sind.

Die doppelte Natur des Traumes: seine Sinnhaftigkeit einerseits und seine nach dem deutenden Gespräch verlangende Schwerverständlichkeit andererseits haben in unserem Jahrhundert den Beruf des professionellen Traumdeuters entstehen oder besser: wieder entstehen lassen. Selbst Sigmund Freud und C. G. Jung, die in der Lage waren, ihre eigenen Träume zu deuten, haben es nicht verschmäht, ihre Träume gelegentlich einander vorzulegen.

Während aber Freud der Meinung war, es ließe sich ein Traum restlos in eine begriffliche Sprache übersetzen, erkannte Jung die eigentliche symbolische Dimension des Traumes: sie besteht darin, daß viele Träume sich einer eindeutigen Übersetzung entziehen, weil sie – wie es dem Wesen des lebendigen Symbols entspricht – zumindest vorläufig die beste Ausdrucksform von etwas Unbekanntem darstellen.

Eine ehrfurchtsvolle und sorgfältige Circumambulatio des Traumsymbols – unter Benutzung aller vier Funktionen – vermag zwar nah an dessen Sinn heranzuführen, aber es bleibt ein undeutbarer Rest bestehen, der vielleicht gerade in seiner das Gemüt erregenden Unverständlichkeit die wichtigste Botschaft des Traumes darstellt.

Nicht wenige von uns Jungschen Therapeuten haben sich gerade deswegen der Jungschen Schule angeschlossen, weil hier Raum gelassen ist für das Nicht-Erklärbare, dem gleichwohl höchster Rang zugemessen wird. Man sollte meinen, daß wir deswegen einen Umgang mit unseren und den Träumen unserer Patienten pflegen, der gekennzeichnet ist durch die Einsicht in die Unerklärbarkeit des Symbols und durch die Bereitschaft, das Symbol wirken zu lassen, ohne es durch Begriffe abzutöten.

Aber ich habe den Eindruck, daß wir uns von dieser frommen Scheu gelegentlich ziemlich weit entfernen. Sind es doch nicht etwa nur unsere Patienten, die nach griffigen Deutungen ihrer Träume verlangen, sondern auch unsere eigene Theorie verführt uns nicht selten dazu, anstelle des lebendigen Traumbildes einen toten Rechenpfennig einzusetzen, den wir mit zufriedener Überzeugung aus der Tasche ziehen. (Das gilt leider auch dann, wenn wir in unseren Deutungsbemühungen unseren Jungschen Jargon tunlichst vermeiden.) Wir folgen dabei der abendländischen Überzeugung, daß Begriffe und Zeichen eben doch brauchbarer und wirksamer seien als Symbole, weil jene sich zu einem Gedankengebäude zusammenfügen lassen, während diese im Vagen und Gefühlshaften befangen bleiben.

Allerdings werden wir uns immer wieder bemühen, der intellektualistischen Versuchung in der Traumdeutung zu widerstehen; eingedenk beispielsweise folgender Sätze aus C. G. Jungs «Zur Psychologie der Übertragung»: manche «drängen nach dem denkerischen Begreifen und wollen das Stadium des reinen Geschehens ungeduldig überspringen. Und wenn sie verstanden haben, dann scheint es ihnen, als ob damit der Realisierung Genüge getan sei. Daß sie aber auch ein Gefühlsverhältnis zu ihren Inhalten haben sollten, kommt ihnen merkwürdig oder gar absurd vor. Das intellektuelle Verständnis sowohl wie der Ästhetizismus verschaffen das ebenso bestechende wie trügerische Gefühl von Befreiung und Überlegenheit, das durch das Dazwischentreten der Gefühlsbetonung in die Brüche zu gehen droht. Letztere nämlich bedeutet eine gewisse Gebundenheit an Existenz und Sinn der symbolischen Inhalte und daher auch eine Verbindlichkeit derselben für das ethische Verhalten.» (G. W. XVI, S. 298)

Wir lassen deswegen Träume oder einzelne Traumsymbole von unseren Patienten gestalten: wir lassen sie zeichnen, malen oder modellieren, wir ermuntern ausgewählte Patienten zur aktiven Imagination und sind begeistert, wenn sich Patienten gelegentlich spontan zum tänzerischen oder pantomimischen Ausdruck eines Traumgehaltes gedrängt fühlen.

Ich finde es deswegen erstaunlich, daß es nicht schon längst in der Jungschen Psychotherapie eine Tradition der dramatischen Vergegenwärtigung von Träumen gibt. Deren von Jung entdeckte dramatische Struktur müßte doch ebenso dazu eingeladen haben wie Jungs eben zitierte Warnung davor, das Stadium des reinen Geschehens ungeduldig überspringen zu wollen. Und wo könnte das «Gefühlsverhältnis» zu den «symbolischen Inhalten» intensiver erfahren werden als in deren dramatischer Wiederbelebung?

Wenden wir uns nun der Funktion und Bedeutung der Gruppe im Traum-Drama zu. Der Protagonist legt seinen Traum nicht *einem* Menschen vor, um mit seiner Unterstützung den Traum zu deuten, sondern er teilt ihn einer Gruppe mit – in der sich allerdings zwei professionelle Deuter als Leiter befinden –, um mit diesen Menschen zusammen, die er unter Umständen schon seit langem und aus intensiver Zusammenarbeit kennt, den Traum gestaltend nachzuvollziehen. Er darf nicht nur der absoluten Diskretion der Gruppe gewiß sein, sondern er darf auch damit rechnen, daß alle Anwesenden ihn mit ihren besten Kräften unterstützen werden. Er weiß auch, daß er zu nichts überredet oder gar gezwungen werden wird und daß er selbst (oder sein Hilfs-Ich) den Gang der Handlung jederzeit abbrechen oder verändern kann, wenn es ihm zu viel werden sollte. Er weiß, daß alle anderen Mitglieder der Gruppe sich in anderen Sitzungen ebenso exponiert haben oder sich exponieren werden wie er selbst, und er hat die Erfahrung gemacht, daß innerhalb der Gruppe eine vertrauensvolle Nähe entsteht, die sonst selten anzutreffen ist.

Sollte es nicht zulässig sein, eine solche Gruppe – die ich hier nicht idealisierend dargestellt habe – mit demselben Recht als «vas hermeticum» zu betrachten, wie wir es mit der Beziehung zwischen Analytiker und Analysanden tun? Und wenn es zutrifft, daß der Traum zur Kommunikation herausfordert – ist die Kommunikation zwischen Zweien in jedem Falle wertvoller als die zwischen mehreren, die sich gut kennen und die die Individualität des Einzelnen anerkennen? Zudem bietet im Traum-Drama die Anwesenheit mehrerer

Menschen die außerordentliche Möglichkeit, den symbolischen Gehalt des Traumes auf mehrere Projektionsträger zu verteilen.

Was sich bei der Auswahl der Rollenspieler an unbewußt gesteuerten Koinzidenzen ereignet, ist in fast allen Fällen ein erstaunlicher Hinweis auf die Affinität des Projektionsträgers zum Projizierten; bisweilen trägt es sogar den Charakter eines synchronistischen Phänomens.

Die zu spielende Person stammt einerseits aus dem Traum des Protagonisten, sie trägt andererseits Züge der realen Person, die der Traum benutzte – die allerdings ihrerseits wieder überformt ist von den Projektionen des Träumers –, und sie wird schließlich vom Protagonisten auf den Spieler übertragen. Glücklicherweise werden diese komplizierten Mechanismen von den Spielern nicht reflektiert, sondern sie vollziehen sich spontan innerhalb der streng eingehaltenen Regeln des Psychodramas.

Sobald der Rollenspieler zu spielen beginnt, bringt er unvermeidlich auch bewußte und unbewußte Teile seiner eigenen Persönlichkeit mit ins Spiel – wozu er ja aber, indem gerade er als Projektionsträger ausgewählt wurde, vom Protagonisten auch aufgefordert ist.

Die Interaktion zwischen dem Protagonisten und dem einen oder mehreren Rollenspielern findet auf der bewußten Ebene gemäß dem Text des Traumes statt; unbewußt werden sie jedoch so stark vom Symbolgehalt des Traumes affiziert, daß sich Ausweitungen des Traum-Textes ergeben können, die aber nicht bewußt gemacht, sondern vom Unbewußten her dirigiert sind, das den Traum infolge der Bereicherung durch den oder die Mitspielenden weiterträumt.

Die Mitspieler potenzieren also unbewußt die Funktion, die in der Einzelanalyse der Analytiker hat: sie bringen sich selber, ihre Einfälle, ihre Amplifikationen und vor allem ihre Gefühle in das Geschehen mit ein – allerdings nicht wie der

Analytiker passiv im Sessel sitzend, sondern aktiv auf der Bühne des Traumes mithandelnd.

Es bedarf wohl kaum der Erwähnung, daß die beiden Leiter bei diesen Interaktionen so scharf und analytisch wie nur möglich registrieren müssen, was da vor sich geht, um mit den vielfältigen Mitteln, die die Psychodramatechnik zur Verfügung stellt, eine Gefährdung des Protagonisten zu verhindern. Diese könnte etwa dadurch zustande kommen, daß er sich unbemerkt in die Komplexe eines Mitspielers hineinziehen läßt, daß er seinen Traum etwa im Sinne der Wunscherfüllung umbiegt oder umbiegen läßt, daß er, statt sich dem Traum zu stellen, seine Übertragung ausagiert und so weiter.

Andererseits ist es erstaunlich, mit welcher Sicherheit der Protagonist im allgemeinen Echtes von Unechtem zu unterscheiden weiß. Er kann z. B. einen Rollenspieler mitten im Satz unterbrechen, mit ihm einen Rollentausch vornehmen und dessen «falschen» Beitrag richtigstellen.

Vom Rollenspieler wird ein hohes Maß von Einfühlungsvermögen und Hingabefähigkeit erwartet, so daß er häufig in gleichem Maße ergriffen und – am Ende des Spiels – erschöpft ist wie der Protagonist. Jedes zum Spiel einer Rolle vom Protagonisten aufgeforderte Gruppenmitglied wird deswegen vom Leiter gefragt, ob es bereit und in der Lage sei, diese Rolle zu übernehmen, die ja z. B. die eines Mörders oder eines zu Ermordenden sein kann. Ganz selten kommt es vor, daß ein gewähltes Mitglied die Übernahme einer Rolle ablehnen muß, was dann immer respektiert wird. Niemals jedoch wird ein Psychodrama beendet, ohne daß sämtliche Rollenspieler und das Hilfs-Ich vom Leiter «zurückverwandelt» werden, und zwar mit der immer gleichen Formel: «Du bist wieder X – oder Y», die gelegentlich wiederholt werden muß. Gerade nach einem Traum-Drama ist dieser Ritus von größter Wichtigkeit, denn der Rollenspieler war ja eine Zeitlang die Verkörperung eines Traum-Symbols des Protagonisten.

Daß es sich dabei für die Rollenspieler um ebenso gewinnbringende wie auch gefährliche Erfahrungen handelt, dürfte ebenso deutlich sein wie die außergewöhnliche Verantwortung, die die Leiter eines solchen Geschehens übernehmen.

Was geschieht aber mit jenen Mitgliedern der Gruppe, die nicht als Mitspieler am dramatischen Geschehen beteiligt sind? Bringen sie als passive Zuschauer nicht doch eine voyeuristische Komponente ins Spiel, die dem Respekt vor der Auseinandersetzung mit dem Traum Abbruch tut?

Es gibt im Psychodrama im allgemeinen und im Traum-Drama im besonderen keine passiven Zuschauer. Auch jene, die keine Rollen zu übernehmen haben, sind aktive Zeugen und Mitgestalter des Geschehens, ohne deren emotionale und intellektuelle Anteilnahme niemals jene körperlich spürbare Spannung zustande käme, die den Psychodrama-Raum oft in fast magischer Weise auflädt. Die äußeren Bedingungen für das Zustandekommen dieser «participation mystique» sind in den strengen und sich stets wiederholenden Regeln des Ablaufes des Psychodramas gegeben, die einen fast liturgischen, jedenfalls rituellen Charakter tragen. Die inhaltliche Kraft, die alle Anwesenden in ihren Bann schlägt, ist die symbolische Kraft des Traumes, die wir, wie gesagt, als eine Auswirkung des Selbst auffassen und erfahren.

Auch jene Psychodramen, die nicht Träume zum Gegenstande haben, vermögen auf *alle* Gruppenmitglieder deswegen eine so starke Wirkung auszuüben, weil sie – sofern sie gut geleitet sind – letztlich immer auf archetypische Situationen zurückführen. Bei Traum-Dramen ist die archetypische Dimension bereits durch den Traumtext gegeben, und die Beteiligung mehrerer Mitglieder macht es vollends deutlich, daß hier nicht nur persönliche, sondern zu gleicher Zeit kollektive, nämlich archetypische Motive dargestellt und erlebt werden. Dieses «tua res agitur», das das Traum-Drama auch dem äußerlich passiven Gruppenmitglied zu spüren gibt, ist die

Grundlage für das sogenannte «Doppeln», zu dem alle Mitglieder, die keine Rolle zu spielen haben, jederzeit eingeladen sind. Dieses Doppeln besteht darin, daß jeder, der keine Rolle zu spielen hat, zu jeder Zeit hinter den Protagonisten oder eine Figur seines Traumes treten, diesem oder dieser die Hände auf die Schulter legen und dann aus ihm heraus sprechen kann. Der Sinn des Doppelns besteht nicht darin, einen intellektuellen Kommentar zur Situation abzugeben, sondern der Doppelnde hat die Möglichkeit, aus seiner Identifikation mit dem Protagonisten oder mit einer seiner Traumfiguren heraus seine eigenen Gefühle oder Assoziationen anzubieten – ob sie angenommen oder zurückgewiesen werden, entscheidet mit überraschender Sicherheit allein der Protagonist.

So arbeiten die vermeintlichen «Zuschauer» auch ganz konkret mit an der Umkreisung des Traumes und bringen oft genug erstaunliche Beiträge ein, die ein weiterer Hinweis auf die gemeinsame Betroffenheit der Gruppe durch den Traum des Protagonisten sind.

Diese gemeinsame Betroffenheit wird dann im letzten Teil des Psychodramas, im schon erwähnten «Sharing», zum ausdrücklichen Thema gemacht. Nachdem der Protagonist die aufgebaute Szene allein wieder abgebaut und die Rollenspieler von der Szene verabschiedet hat, sitzt die Gruppe wieder wie ganz zu Anfang im Kreise. Die einzelnen Spieler berichten nun dem Protagonisten, der jetzt nur noch zuhört und sich nicht mehr äußert, was sie in der Rolle erlebt und gefühlt haben. Erst danach werden sie vom Leiter zu sich selber zurückverwandelt.

Die Mitteilungen, die der Protagonist von den Spielern erfährt, können von größtem Wert sein. Menschen, die in die Gestalten seines Traumes hineingegangen waren, spiegeln ihm zurück, wie sich seine Traumfiguren gleichsam «von innen» anfühlten. Das geschieht einerseits aus größtmöglicher Objektivität heraus – denn jeder hatte sich bemüht, ganz in die innere Welt des Traumes einzutreten –, andererseits ist die Subjektivität aller Spieler selbstverständlich in dem, was sie berichten, mit enthalten. Aber gerade sie waren ja vom Protagonisten dazu ausgewählt worden, sich in diese Rolle hineinzubegeben.

Als letzte berichtet das Hilfs-Ich – immer noch aus der Identifikation mit dem Protagonisten –, was sie im Zustande der Identifikation gefühlt, gedacht und erfahren hat. Dieses Sharing stellt besonders hohe Ansprüche an die das Hilfs-Ich verkörpernde Leiterin. Einerseits bringt sie jetzt Gefühle in Worte, die dem Protagonisten während des Traum-Dramas kaum zum Bewußtsein gekommen waren, die sie aber aufgrund genauester Beobachtung und Einfühlung registrieren konnte. Andererseits setzt sie, während sie die markantesten Situationen des Dramas aus der Sicht des Protagonisten rekapituliert, einige Akzente, die ihrem analytischen Verständnis des abgelaufenen Geschehens entspringen und die infolgedessen eine indirekte Deutung darstellen.

Es ist klar, daß ein Mangel an Begabung oder Verantwortungsbewußtsein das Hilfs-Ich an dieser Stelle zu den gleichen schädlichen Manipulationen verführen könnte, von denen der Analytiker in der Einzelanalyse bedroht ist. Ich habe aber schon zu ungezählten Malen erlebt, wie diese Gefahr vermieden und das Meisterstück geleistet wird.

Im Anschluß an ihr Sharing aus dem Hilfs-Ich heraus wird auch die Leiterin wieder in sich selbst zurückverwandelt; und man kann sich vorstellen, mit welcher Erleichterung sie oft wieder in sich selbst zurückkehrt.

Das Sharing geht nun in der Form weiter, daß jedes Mitglied der Gruppe von sich berichtet, was das Traum-Drama für ihn oder sie bedeutet, in ihm bewirkt hat. Dabei wird aufs strengste vermieden, daß psychologische Kommentare über oder Belehrungen für den Protagonisten abgegeben werden. Nein, jeder teilt mit dem Protagonisten seine eigene Betroffenheit, berichtet von eigenen ähnlichen Träumen, vergleichbaren Konflikten oder verwandten Erlebnismustern.

Der erschöpfte Protagonist erfährt jetzt mehr über die archetypische Verbindlichkeit seines Traumes, als es ihm der Analytiker jemals im Gespräch vermitteln könnte. Die Tatsache, daß jeder Traum Grundmuster menschlicher Existenz berührt, braucht im Anschluß an ein Traum-Drama nicht erörtert zu werden, denn sie wird durch das Sharing aller Beteiligten evident.

Es zeichnet ja überhaupt das Traum-Drama aus, daß es ohne jede theoretische Erläuterung auskommt. Psychologische Termini sind nicht nur verboten, sondern tatsächlich überflüssig. Die ebenso wichtige wie schwer zu verstehende Unterscheidung zwischen subjektstufiger und objektstufiger Traumdeutung zum Beispiel ist im Traum-Drama gar nicht erforderlich: der Protagonist *erlebt* es ja, wie er die Gestalten und Räume seines Traumes einerseits aus sich selbst herausholt, um ihnen dann andererseits leibhaftig gegenüberzustehen.

Erst zu Beginn der nächsten Psychodramasitzung erhält der Protagonist die Möglichkeit, sein sogenanntes «Feedback» zu geben. Nun steht es ihm frei, auch in psychologischer Sprache zu interpretieren, was ihm die Bearbeitung des Traumes gezeigt hat. Vielleicht aber zieht er es auch vor, mit der Gruppe lediglich einen neuen Traum zu teilen, den er nach der Sitzung hatte – oder den andern ein Bild zu zeigen, das er gemalt hat. Lediglich die beiden Leiter werden sich anhand seines Feedbacks ein Bild zu machen versuchen, wieviel von dem im Drama unmittelbar Erfahrenen er in sein Bewußtsein aufnehmen konnte, und sie werden das in seinen weiteren Psychodramen berücksichtigen.

Ich möchte nochmals wiederholen, daß die beiden Leiter alle Einzelheiten des Dramas ebenso wie den gesamten Entwicklungsprozeß des Protagonisten und der Gruppe mit aller nur möglichen analytischen Schärfe reflektieren. Während sich beim Protagonisten ein «abaissement du niveau mental» meistens schon in der ersten Phase des Herumgehens im Kreise einstellt, um sich im Laufe der Arbeit immer mehr zu vertiefen, und während auch die übrigen Teilnehmer viel mehr mit dem Gefühl als mit dem Intellekt involviert sind, müssen die Leiter (trotz aller Einfühlung des Hilfs-Ich) ein höchstes Maß an bewußt reflektierender und abständiger Präsenz aufbringen.

Ich denke nicht, daß der psychodramatische Umgang mit Träumen ein leicht zu handhabendes und ungefährliches Werkzeug sei. Ich halte es im Gegenteil für sehr anspruchsvoll und für mindestens ebenso gefährlich, wie es die intensive Einzelanalyse ist. Ich habe aber die Überzeugung gewonnen, daß es sich lohnt, dieses Werkzeug als Ergänzung der Einzelanalyse einzusetzen, weil es eine Erfahrung ermöglicht, die in der Analyse allzu oft zu kurz kommt: die Erfahrung der ganzheitlichen Betroffenheit durch das Symbol. Während die Arbeit der Analyse dem Bewußtmachen der feinsten Verästelungen des zu deutenden Symbols gilt, wozu im wesentlichen das Werkzeug der Sprache eingesetzt wird, suchte Moreno, der geniale Begründer des Psychodramas, gerade nach einem Ausweg aus der «logisierten und syntaktischen Form der Verständigung», wie er es formulierte.

Was wir ihm zu verdanken haben, ist die Möglichkeit, die symbolischen Bilder leibhaftig zu vergegenwärtigen, sie in Gebärden, Mimik, Gestik und Stimme direkt zu erfahren, und uns davon zu überzeugen, daß sie nicht ein privates Produkt der Traumanalyse, sondern in uns allen gegenwärtig und wirksam sind.

Zum Schluß möchte ich noch – stark verkürzt – ein Traum-Drama erzählen, das vielleicht geeignet ist, ein Licht auf die positive Bedeutung einer Gruppe für die individuelle Konfrontation mit einem Traum zu werfen:

Ein junger Mann, sehr einzelgängerisch, zurückgezogen, scheu und sensibel wünschte einen Traum zu bearbeiten, den er schon mehrmals geträumt hatte. In diesem Traum verabschiedet er sich von seinen Eltern und unternimmt, allein, eine Expedition zum Südpol. Jedesmal endet der Traum damit, daß er vor einer Gletscherspalte sitzt mit dem sicheren Gefühl, daß er jetzt den Sprung hinein wagen müsse, um damit etwas Unbekanntes, aber überaus Wichtiges zu erreichen. Jedoch findet er niemals den Mut, das zu tun, sondern wacht gequält auf.

Im Psychodrama wird der Traum nachgespielt. Beide Eltern werden eingeführt, der Träumer verabschiedet sich äußerst kühl von ihnen und gelangt zu der Gletscherspalte am Südpol. Beide Leiter und sicherlich alle Gruppenmitglieder sind sich der ungeheuren Gefährlichkeit der Situation bewußt, und das Hilfs-Ich ist – wortlos – aufs äußerste bemüht, dem Protagonisten Wärme und Halt zu geben.

Nach langem Dasitzen sagt der Protagonist sehr leise: «Es geht nicht. Ich muß zurück nach Hause.» Er geht zurück, steht schweigend vor den Eltern, dann sagt er unvermittelt: «Ich will es nochmal versuchen, aber nicht allein.»

Er wählt sich nun für die neue Expedition zwei männliche Begleiter aus, und zwar denjenigen, den er am liebsten hat in der Gruppe, und einen andern, der ihm immer am fremdesten war. Er redet sie mit ihren wirklichen Namen an und fragt sie, ob sie bereit seien, mit ihm zu kommen. Die beiden willigen ein. Sie gestalten die Reise zum Südpol wesentlich realistischer, als er es vorher getan hatte, nehmen Schlitten, Proviant, Pelze mit und sitzen schließlich mit ihm vor der Spalte.

Die Szene ist ungeheuer dicht und naturalistisch: alle drei zittern vor Kälte und hüllen sich in Decken (obgleich es in der äußeren Wirklichkeit ein heißer Sommertag ist). Nun sagt der Protagonist: «Wartet, ich werde ein Feuer machen.» Seine Pantomime ist so vollkommen, daß bald alle drei am prasselnden Feuer sitzen und die ausgestreckten Hände nah an die Flammen halten. Sehr langes Schweigen.

Dann erhebt sich der Protagonist ganz ruhig, ergreift die beiden andern bei den Händen, und sie stehen im Kreis um das Feuer. Schließlich sagt er leise, aber fest: «Es ist gut so. Das war es. Ich habe es geschafft. Danke.»

VIII Epilog: Cui bono? oder: Die Unbrauchbarkeit des Dionysos

Ich habe in dem Exkurs über das Psychodrama die Namen von Göttern vermieden. Dennoch wird man bemerkt haben, daß im Psychodrama Dionysos in seinem ureigensten Element beschworen wird: in der sinnlichen, dramatischen Präsenz des Hier und Jetzt, von der der Protagonist sich freiwillig ergreifen läßt.

Aber auch das andere dürfte deutlich geworden sein: die Unerläßlichkeit des apollinischen Abstandes, den die beiden Leiter bewahren müssen, um dem Geschehen Struktur, Maß und damit Erträglichkeit zu verleihen.

(Es ist bekannt, welches Unheil Psychodramaleiter anzurichten vermögen, die der Meinung sind, es ginge bei dieser Veranstaltung *ausschließlich* um Geschrei, chaotische Emotionen und Konvulsionen, was sie dann als «Katharsis» zu bezeichnen sich erdreisten.)

Das Psychodrama kann unzweifelhaft therapeutisch wirken, aber diese Wirkung tritt um so eher ein, je weniger sie zum Hauptziel gemacht wurde. «Gut» ist ein Psychodrama, wenn es spannend, packend, bewegend wirkt, wenn es also ästhetisch befriedigendes, weil dionysisch belebtes «Theater» ist. Das vermag es allerdings nur zu werden, wenn «von jenem Fundamente aller Existenz, von dem dionysischen Untergrunde der Welt, genau nur soviel dem menschlichen Individuum ins Bewußtsein (tritt), als von jener apollinischen Verklärungskraft wieder überwunden werden kann», wie ich es früher schon aus Nietzsches «Geburt der Tragödie» zitiert habe.

Darum ist Psychodrama (oder kann es doch sein) *mehr* als Psychotherapie: es ermöglicht die sinnliche Erfahrung göttlicher Kräfte in der menschlichen Seele – was auch durchaus dem Anspruch seines Begründers Moreno entspricht.

Aber wohin geraten wir nun? Ist das nicht eine unerlaubte Vermischung von therapeutischen und religiösen Erwartungen? Es kommt doch niemand in eine therapeutische Gruppe, um dort «göttliche Kräfte» zu erfahren! Gefragt ist «Lebenshilfe» oder, bestenfalls: Selbsterkenntnis. Sollte Psychotherapie sich nicht auf das beschränken, wofür sie zuständig ist: auf die menschliche Seele und deren Schwierigkeiten?

So müßte es sein, wenn die Wirklichkeit der Seele nur ein Gesicht hätte und wenn dieses Gesicht nur dem einen Gotte Apollon zugekehrt wäre, der über den Abstand zwischen Göttern und Menschen wacht.

Das andere Gesicht aber, das in der Maske des Dionysos zugleich anwesend und abwesend ist, hebt alle Unterschiede auf. Nicht nur den Unterschied zwischen Psychotherapie und Religion, sondern sogar den zwischen Göttern und Menschen.

Seine Einheitswirklichkeit läßt sich nicht aufteilen in Zuständigkeiten und Fachbereiche; sie mißachtet die Grenze zwischen innen und außen, sie vereinigt Bewußtsein und Unbewußtes.

Auf diese Wirklichkeit hinzuweisen, war das Ziel meines Essays. Ich kann mir die Frage, warum ich das wollte, selbst nicht genau beantworten. Ich muß mir auch sagen, daß eigentlich nichts Brauchbares, nichts Nützliches dabei herausgekommen ist. Was soll an einem Bekenntnis zu einer antiken

Göttergestalt schon nützlich sein, selbst wenn deren Lebendigkeit mit einer gewissen Emphase behauptet wird?

Aber vielleicht liegt in der Unbrauchbarkeit meines Versuches das wichtigste Motiv für seine Entstehung. Jener Aspekt der Wirklichkeit, der nicht nach seinem Verwendungszweck fragt, hat es mir gerade in seiner Nutzlosigkeit angetan. Das Nutzlose ist ja nicht «sinnlos», sondern es besitzt die Sinnerfülltheit des Spielerischen: Selbstzweck zu sein.

So wäre auch mein Nachdenken über Apollon und Dionysos oder über die zwei Gesichter der Wirklichkeit nur spielerischer Selbstzweck? Ja und nein.

Denn indem ich versuche, die Selbstgenügsamkeit und Zwecklosigkeit des Dionysischen zu denken, verfolge ich ja doch einen Zweck, nämlich den einer Überwindung des Apollinisch-Zweckhaften. Im Grunde ist mein ganzes Bemühen eine Parteinahme für Dionysos um seiner selbst willen; und dennoch komme ich niemals umhin, Apollon jeweils wieder in sein Recht zu setzen, weil ich seit langem überzeugt bin, daß sein Gegengewicht unentbehrlich ist.

So drehe ich mich offenbar im Kreise, und diese Kreisbewegung ist der Zweck meines Buches. Mehr nicht? Kaum mehr, denn dieses andere ist in jener Kreisbewegung eigentlich schon enthalten: die Behauptung der Gleichwertigkeit von äußerer und innerer Wirklichkeit, ja: die Überzeugung von ihrer Einheit.

Das Letztere entspricht bereits wieder der unstillbaren dionysischen Sehnsucht: daß zwischen Außen und Innen kein Unterschied sei; während in apollinischer Ruhe höchstens deren Gleichwertigkeit zu konstatieren ist. Mit dieser Ruhe geht jeweils der heroische Entschluß einher, die Spannung der Gegensätze bestehen zu lassen und sie in ihrer Unvereinbarkeit auszuhalten:

«Ich glaube, daß es das Schicksal des Abendlandes ist, diese beiden Grundhaltungen, die kritisch rationale, verstehen wollende auf der einen Seite und die mystisch irrationale, das erlösende Einheitserlebnis suchende auf der anderen Seite immer wieder in Verbindung miteinander zu bringen. In der Seele des Menschen werden immer *beide* Haltungen wohnen, und die eine wird stets die andere als Keim ihres Gegenteils schon in sich tragen. Dadurch entsteht eine Art dialektischer Prozeß, von dem wir nicht wissen, wohin er uns führt. Ich glaube, als Abendländer müssen wir uns diesem Prozeß anvertrauen und das Gegensatzpaar als komplementär anerkennen; wir können und wollen das die Welt beobachtende Ichbewußtsein nicht gänzlich opfern, wir können aber das Einheitserlebnis als eine Art Grenzfall oder idealen Grenzbegriff auch intellektuell akzeptieren. Indem wir die Spannung der Gegensätze bestehen lassen, müssen wir auch anerkennen, daß wir auf jedem Erkenntnis- oder Erlösungsweg von Faktoren abhängen, die außerhalb unserer Kontrolle sind und die die religiöse Sprache stets als Gnade bezeichnet hat», schreibt der Physiker Wolfgang Pauli[62].

In solchen überlegenen Sätzen drückt sich die Abgeklärtheit des apollinischen Erkennens aus, und man wird sie voller Dankbarkeit zur Kenntnis nehmen, und zwar um so mehr, als es nützliche Sätze sind, die eine beruhigende Ordnung schaffen.

Dagegen der dionysische Enthusiasmus: Wie unruhig und wie nutzlos:

«Ach, nicht getrennt sein,
nicht durch so wenig Wandung
ausgeschlossen vom Sternen-Maß.
Innres, was ists?
Wenn nicht gesteigerter Himmel,
durchworfen mit Vögeln und tief
von Winden der Heimkehr?»[63]

Allerdings: ohne solch sehnsüchtig-nutzloses Fragen lebten wir anders: kälter, schwächer, ärmlicher; so ärmlich vielleicht, daß es sich gar nicht mehr lohnte? Manchem mag es so scheinen. Gewiß: ohne die kühle Zweckhaftigkeit der apollinischen Ordnung wäre unsere Seele verloren; aber ohne die zwecklose dionysische Begeisterung wäre unser Leib tot.

Mein Nachdenken, indem es sich mehr der dionysischen als der apollinischen Welterfahrung zuneigt, ist also an der Lebendigkeit des Leibes interessierter als an der Rettung der Seele. Ich könnte das als Psychiater kaum sagen, wenn ich nicht davon ausginge, daß «Leib» mehr ist als das Gebilde, das die Anatomie beschreibt.

Der Leib, der mit Dionysos stirbt und aufersteht, ist nicht das «Fleisch» des Neuen Testamentes; er ist viel mehr «das Fundament aller Existenz», dem Nietzsche die «apollinische Verklärungskraft» gegenüberstellt. Wir nennen in der Psychologie diese beiden Kräfte das Unbewußte und das Bewußtsein; und was die sorgsamste Pflege des Bewußtseins wert ist, wenn sie meint, das Unbewußte vernachlässigen zu können, haben wir gelernt.

Das ist es, in der dürren Sprache der Psychologie ausgedrückt, worauf mein Essay hinweisen möchte. Das ist wenig, wenn man etwa Antworten auf die Frage sucht, was wir denn nun tun müßten, um besser und sicherer zu leben. Es ist viel, wenn man erkennen kann, daß es dabei um die Wiederkehr eines Gottes geht, dessen Macht sich in seiner Unverfügbarkeit, dessen «Sinn» sich in seiner Unbrauchbarkeit manifestiert.

Peter Sloterdijk, der in seinem unübertrefflichen Nietzsche-Buch, das zugleich ein Dionysos-Buch ist, im letzten Kapitel den Tiefenpsychologien einen so hohen Stellenwert zumißt (sie seien «gleichsam das denkende Herz der Moderne», S. 179), warnt mit großem Nachdruck vor dem «therapeutischen Aktionismus» (S. 184), der da meint, «daß wir aus der Einsicht in die dramatische dunkle Struktur von Subjektivität etwas machen sollten, etwa eine Psychotherapie im Geiste der Produktion von zugleich dionysischen und gesellschaftsfähigen Individuen; ...» (S. 180).

Nein, ich möchte zu solchem Aktionismus nicht beitragen, sondern ich hoffe, die Unbrauchbarkeit des Dionysos vor aktionistischen Bestrebungen (die ich sehr wohl kenne) bewahrt zu haben.

Aber Sloterdijk schreibt auch von den «Dionysien der Gewöhnlichkeit» (S. 113) und von Dionysos als dem «Schirmherr des Gewöhnlichen» und dem «Denker der dionysischen Erträglichkeit» (S. 149). «Denn vor den Hintergrund des Dionysischen gehalten, beginnt schon die Banalität abgründig genug zu leuchten ...» (S. 148f.).

Habe ich davon nichts zu berichten?

Ich besuche jeden Abend das einzige Wunderbare, das dieser mein Zufluchtsort außer den Wundern der Natur zu bieten hat: B. B.'s Restaurant. Ich wußte schon alle Abende, daß ohne diese Stätte mein Schreiben kaum Aussicht auf Erfolg haben würde, aber gestern abend begriff ich plötzlich, daß ich hier, unter der Obhut des Maître M., mehr erfuhr als eine hohe Stufe der Gastronomie.

Da saß ich an meinem üblichen Tisch, und um mich herum die üblichen Gäste: unauffällig gekleidete Gourmets, die zwar auch aßen, aber vor allem feierten und bewunderten; Krawatten verschmähende Gourmands, die außer der Qualität des Fleisches kaum etwas zu loben wußten, und denen der weiße Wein gleich viel galt wie der rote; dazwischen auch sehr bürgerliche Leute im Sonntagsgewand, die beim feierlichen Anheben der die Speisen bedeckenden «Glocken» ihr «ah» und «oh» laut hören ließen; abgebrühte Weltkenner dazwischen, die in hektischen Gesprächen einander zu übertrumpfen suchten, und dennoch ab und zu schweigend den Blick hoben und nach innen auf die außerordentlichen Aromen horchten – und schließlich, ganz neu an diesem Abend: zwei geschniegelte, vermeintlich wohlriechende Herren mit ihren ausgedörrten beleidigten Damen, die alle vier von Anfang an die Nasen über die Preise rümpften (die, gemessen an dem, wofür sie entrichtet werden, durchaus nicht hoch sind) und die nicht ein einziges Mal im Laufe des Festes irgend ein Anzeichen von Freude oder Überraschung erkennen ließen, sondern immerfort von Politik und Computern redeten und bis zum Schluß verärgert statt verwundert waren: noch bei den raffiniertesten Süßspeisen wußten sie keine anderen als saure Gesichter zu machen.

Durch deren widerwärtige Anwesenheit erkannte ich, was mir vorher nicht zum Bewußtsein gekommen war: wir alle hier, die wir staunend genießen, sind bereits Diener des Dionysos, nur jene vier sind echte Realisten.

Aber ich will nicht mit den banalen dionysischen Wonnen schließen, sondern mit den letzten Strophen aus Rilkes neunter Elegie, die, weil sie voll des Dionysischen, ganz bar aller Brauchbarkeit sind:

Erde, ist es nicht dies, was du willst: *unsichtbar*
in uns erstehn? – Ist es dein Traum nicht,
einmal unsichtbar zu sein? – Erde! unsichtbar!
Was, wenn Verwandlung nicht, ist dein drängender Auftrag?
Erde, du liebe, ich will. Oh glaub, es bedürfte
nicht deiner Frühlinge mehr, mich dir zu gewinnen –, *einer,*
ach, ein einziger ist schon dem Blute zu viel.
Namenlos bin ich zu dir entschlossen, von weit her.
Immer warst du im Recht, und dein heiliger Einfall
ist der vertrauliche Tod.

Siehe, ich lebe. Woraus? Weder Kindheit noch Zukunft
werden weniger ..... Überzähliges Dasein
entspringt mir im Herzen.

Anmerkungen

1 C. G. Jung, G. W. VI, S. 3 f.
2 C. G. Jung, Über die zwei Arten des Denkens, G. W. V, S. 25 ff.
Früher in: Wandlungen und Symbole der Libido. Beiträge zur Entwicklungsgeschichte des Denkens, 1911
3 a. a. O. S. 38
4 a. a. O. S. 49
5 a. a. O. S. 40
6 a. a. O. S. 45
7 a. a. O. S. 50
8 a. a. O. S. 49, Hervorhebung von mir
9 Kurt Hübner, Die Wahrheit des Mythos, S. 414
10 a. a. O. S. 410
11 Ellynor Barz, Götter und Planeten
12 Susanne Heine, Wiederbelebung der Göttinnen? Zur systematischen Kritik einer feministischen Theologie
13 Was das für eine ethno-psychoanalytische Interpretation bedeuten kann, zeigt Georges Devreux in seinem Buch: Frau und Mythos, S. 355 ff.
14 Vgl. C. F. von Weizsäcker, Die Zeit drängt, S. 28
15 Charlotte Höhn, Gründe und Folgen des Geburtenrückgangs, in: Hans Jürgen Schultz, Hg., Kinder haben? S. 106 ff.
16 in: H. J. Schultz, Hg., a. a. O. S. 202 ff.
17 vgl. Neue Zürcher Zeitung Nr. 7, 10/11. Januar 1987 S. 67 f.: Jürgen Grimm, «Kinder an die Macht»
18 ibid.
19 Eduard Norden, Die Geburt des Kindes, S. 75
20 Paul Schwarzenau, Das göttliche Kind, S. 45
21 ibid. S. 26
22 Goethe, Artemis-Gedenkausgabe, Bd. XIII, S. 868
23 Friedrich Nietzsche, Werke in drei Bänden, Bd. I, S. 133
24 Friedrich Schiller, Gedichte, S. 197
25 Goethe, Artemis-Gedenkausgabe Bd. I, S. 60
26 Emil Staiger, Friedrich Schiller, S. 17

27 a. a. O. S. 22
28 Schiller, Gedichte, S. 146
29 Ludwig Börne und Heinrich Heine, Hg. H. M. Enzensberger, S. 331
30 Ludwig Börne, Kritische Schriften, S. 9
31 a. a. O. S. 16
32 L. Börne und H. Heine, a. a. O. S. 359
33 a. a. O. S. 46f.
34 a. a. O. S. 67f.
35 a. a. O. S. 76
36 a. a. O. S. 331
37 a. a. O. S. 121
38 Hugo von Hofmannsthal, Rudolf Borchardt: Briefwechsel, S. 130
39 a. a. O. S. 131
40 ibid.
41 a. a. O. S. 147f.
42 Hugo von Hofmannsthal, Ges. Werke Bd. I, S. 26
43 Rudolf Borchardt, Gedichte, S. 115f.
44 a. a. O. S. 277
45 Nietzsche, a. a. O. S. 116
46 K. V. Laurikainen, Beyond the Atom, S. 20f.
47 Paul Davies, Prinzip Chaos, S. 8
48 a. a. O. S. 289
49 a. a. O. S. 282
50 a. a. O. S. 83
51 zitiert nach Paul Davies, a. a. O. S. 270f.
52 M. D. de Rios und R. Schroeder, Holt die Wissenschaft die Magie ein? in: Der Wissenschaftler und das Irrationale, Bd. II, S. 547
53 Siehe Helmut Barz, Männersache
54 Nietzsche, a. a. O. Bd. III, S. 791
55 ibid.
56 Walter Burkert, Griechische Religion, S. 252
57 Rainer Maria Rilke, Sämtliche Werke Bd. VI, S. 1114f.
58 «Wenn ich die Himmlischen nicht bewegen kann, werde ich den Acheron (die Unterwelt) bewegen».
59 Erinnerungen, Gedanken, Träume von C. G. Jung, S. 50f.
60 Peter Sloterdijk, Der Denker auf der Bühne, S. 110f.
61 Ellynor Barz, Selbstbegegnung im Spiel
62 zitiert nach K. V. Laurikainen, a. a. O. S. 97
63 Rilke, Sämtliche Werke Bd. II 184

Verzeichnis der zitierten Literatur

Barz, Ellynor: Götter und Planeten. Grundlagen archetypischer Astrologie. Zürich 1988

Barz, Ellynor: Selbstbegegnung im Spiel. Einführung in das Psychodrama. Zürich 1988

Barz, Helmut: Männersache. Kritischer Beifall für den Feminismus. Zürich 1984

Borchardt, Rudolf: Gedichte. Stuttgart 1957

Börne, Ludwig: Kritische Schriften. Ausgewählt, eingeleitet und erläutert von Edgar Schumacher, Zürich und Stuttgart 1964

Börne, Ludwig und Heinrich Heine: Ein deutsches Zerwürfnis. Bearbeitet von Hans Magnus Enzensberger. Nördlingen 1986

Burkert, Walter: Griechische Religion der archaischen und klassischen Epoche. Stuttgart 1977

Davies, Paul: Prinzip Chaos. Die neue Ordnung des Kosmos. München 1988

Devreux, Georges: Frau und Mythos. München 1986

Die zwei Kulturen. Literarische und naturwissenschaftliche Intelligenz. C. P. Snows These in der Diskussion, hg. von Helmut Kreuzer. München 1987

Eliade, Mircea: Geschichte der religiösen Ideen, Bd. I. Von der Steinzeit bis zu den Mysterien von Eleusis. Freiburg i. Br. 1978

Fox Keller, Evelyn: Liebe, Macht und Erkenntnis. Männliche oder weibliche Wissenschaft? München und Wien 1986

Goethe, Johann Wolfgang: Gedenkausgabe der Werke, Briefe und Gespräche. Bd. I, Zürich 1961 und Bd. XIII, Zürich 1954

Grimm, Jürgen: «Kinder an die Macht» in: Neue Zürcher Zeitung, Nr. 7 10./11. Januar 1987 S. 67f.

Guggenbühl-Craig, Adolf: Kinderlose Paare gibt es nicht. In: Kinder haben? Eine Entscheidung für die Zukunft. Hg. H. J. Schultz. Stuttgart 1986, S. 202ff.

Heine, Susanne: Wiederbelebung der Göttinnen? Zur systematischen Kritik einer feministischen Theologie. Göttingen 1987

Hofmannsthal, Hugo von: Gesammelte Werke in 10 Bänden, Bd. I, Frankfurt 1979
Hofmannsthal, Hugo von, Rudolf Borchardt: Briefwechsel. Frankfurt 1954
Höhn, Charlotte: Gründe und Folgen des Geburtenrückgangs. In: Kinder haben? Hg. H. J. Schultz, a. a. O. S. 106 ff.
Hübner, Kurt: Die Wahrheit des Mythos. München 1985
Jung, Carl Gustav: Gesammelte Werke, Bd. V, Olten 1973 und Bd. VI, Zürich 1960
Jung, Carl Gustav: Erinnerungen, Träume, Gedanken von C. G. Jung. Aufgezeichnet und herausgegeben von Aniela Jaffé, Zürich 1962
Kerényi, Karl: Die Mythologie der Griechen, Bd. I, Die Götter- und Menschheitsgeschichten. Darmstadt 1964
Kerényi, Karl: Dionysos. Urbild des unzerstörbaren Lebens. München, Wien 1976
Laurikainen, K. V.: Beyond the Atom. The Philosophical Thought of Wolfgang Pauli. Berlin/Heidelberg 1988
Nietzsche, Friedrich: Werke in drei Bänden. München 1977
Norden, Eduard: Die Geburt des Kindes. Geschichte einer religiösen Idee (1924). Darmstadt 1969
Otto, Walter F.: Die Götter Griechenlands. Das Bild des Göttlichen im Spiegel des griechischen Geistes. Frankfurt 1961
Otto, Walter F.: Dionysos. Mythos und Kultus. Frankfurt o. J.
Otto, Walter F.: Theophania. Der Geist der altgriechischen Religion. Hamburg 1956
Rilke, Rainer Maria: Sämtliche Werke in sechs Bänden. Frankfurt 1961
de Rios, M. D. und R. Schroeder: Holt die Wissenschaft die Magie ein? In: Der Wissenschaftler und das Irrationale. Hg. Hans Peter Duerr, Bd. II, Frankfurt 1981
Rose, Herbert J.: Griechische Mythologie. Ein Handbuch. München 1982
Schellenbaum, Peter: Abschied von der Selbstzerstörung. Befreiung der Lebensenergie. Stuttgart 1987
Schellenbaum, Peter: Die Wunde der Ungeliebten. Blockierung und Verlebendigung der Liebe. München 1988
Schiller, Friedrich: Gedichte. Basel 1949
Schultz, Hans Jürgen (Hg.): Kinder haben? Eine Entscheidung für die Zukunft, Stuttgart 1986
Schwarzenau, Paul: Das göttliche Kind. Der Mythos vom Neubeginn. Stuttgart 1984
Sloterdijk, Peter: Der Denker auf der Bühne. Nietzsches Materialismus. Frankfurt 1986

Staiger, Emil: Friedrich Schiller. Zürich 1967
Steinbuch, Karl: «Zwei Kulturen»: Ein engagierter Beitrag. In: Die zwei Kulturen ... hg. von Helmut Kreuzer, a. a. O. S. 217ff.
Wie männlich ist die Wissenschaft? Herausgegeben von Karin Hausen und Helga Nowotny, Frankfurt 1986

des Mythos

Ovids Buch der Mythen und Verwandlungen in einer neuen Prosa-Übertragung

OVID
METAMORPHOSEN
Das Buch der Mythen und Verwandlungen.
In Prosa neu übersetzt und eingeleitet von
Gerhard Fink.
416 Seiten, mit 16 Bildern und einem Register,
Leinen.

Die Prosa-Übertragung von Ovids Hauptwerk will dem modernen Leser eines der schönsten Werke antiker Weltliteratur neu erschließen. Ein Buch aus einer «Letzten Welt» dichterischer Phantasie, das über zwei Jahrtausende nichts von seinem Zauber eingebüßt hat.